Deja a la estructura hablar

Modelización y análisis de sistemas naturales, sociales y socioecológicos

Rodrigo Ramos-Jiliberto

DEJA A LA ESTRUCTURA HABLAR
Modelización y análisis de sistemas naturales, sociales y socioecológicos

Rodrigo Ramos Jiliberto

Primera edición: Diciembre de 2020

©2020, Rodrigo Ramos Jiliberto
©2020, Ediciones Mayor SpA

Todas las figuras, gráficos y tablas son de elaboración del autor.
Ilustración en p. 5, por Antonia Roselló.

San Pío X 2422, Providencia, Santiago de Chile
Teléfono: 6003281000
www.umayor.cl

EPUB: 9789566086031
POD: 978-956-6086-00-0
RPI: 2020-A-2671

Dirección editorial: Andrea Viu S.

Edición: Pamela Tala R.

Diseño y diagramación: Pablo García C.

... ayúdame, Valentina,
ya que tú volaste lejos,
dime de una vez por todas
que arriba no hay tal mansión;
mañana la ha de fundar
ya el hombre con su razón...

—**Violeta Parra**, canción "Qué vamos a hacer"
(1971), dedicada a la cosmonauta rusa Valentina
Tereshkova, quien el 16 junio de 1963 se convirtió
en la primera mujer en viajar al espacio exterior.

Índice general

Comienzo a escribir este prólogo en Santiago de Chile, la noche del 8 de marzo de 2020. Hoy hubo una manifestación pública masiva en conmemoración del Día de la Mujer (el "8M") y, al parecer, asistieron entre uno y dos millones de casi solo mujeres, contando únicamente a Santiago. En diez días más se cumplen cinco meses desde el Estallido Social (el "18/O"), la revuelta ciudadana más grande de la historia de este país, y dentro de un mes habrá votaciones populares para decidir si se elaborará una Nueva Constitución de Chile. Son momentos de crisis, de peligro y oportunidad. Pero también de confusión. La sociedad organizada en lo que llamamos un "país" es, claramente, un *sistema* y, en particular, un sistema complejo. Este solo hecho es una herramienta conceptual con una potencialidad tan grande, que cuesta entender cómo es que esta perspectiva aún no se convierte en el eje del pensamiento político práctico y de las políticas públicas. Este libro puede ser, y espero sinceramente que así sea, entre otras cosas, un catalizador para tan provechoso fin. La sistémica va más allá de los sistemas sociales y claramente este es un libro científico, que no es solamente útil para la política, pero los momentos de convulsión en que nos encontramos me obligan en este instante a llamar la atención sobre ese punto. Yo recomendaría *Deja a la estructura hablar* como lectura obligada para cualquier persona que ocupe un cargo de responsabilidad pública. Este libro creo será parte de la historia de la sistémica y la convulsión en la que surge me obliga a llamar la atención también sobre la coincidencia, tal vez significativa, entre hitos importantes de la sistémica y la gran convulsión social dentro de la que han ocurrido:

1905, Rusia. Alexander Bogdánov, el fundador actualmente indiscutible del pensamiento sistémico, lideraba el Partido Bolchevique, el que tomó las riendas de la Revolución rusa contra la monarquía y que instauró el socialismo (URSS). En la segunda jerarquía del partido estaba Vladimir Lenin, quien escribía un libro filosófico en contra de las ideas de Bogdánov. Bogdánov proponía que el conflicto, la oposición, era el resultado solo de la falta de organización. En cambio, para los marxistas, el conflicto, la lucha, es absolutamente inevitable. De hecho, es la fuente de todo cambio. Para la "dialéctica", fundamento del marxismo, el cambio surge de la oposición, la disputa, el conflicto, la búsqueda de uno por dominar sobre otro, siempre habiendo dos bandos antagónicos. Finalmente, Lenin supera a Bogdánov en las elecciones del Partido y al tiempo se prohíbe la difusión del pensamiento del primer pensador de "los sistemas en sí".

1942, Estados Unidos. Los fundadores de la cibernética comienzan a reunirse en los seminarios interdisciplinarios que terminarían llamándose Conferencias Mecy, financiadas por las Fuerzas Armadas de EEUU. Comienzan las reuniones en plena Segunda Guerra Mundial y continúan en la posguerra. Ya había quedado claro para las superpotencias que la tecnología y la inteligencia eran fundamentales para lograr el desarrollo y el poder. Las máquinas en interacción con los seres humanos serían el futuro de la nación y del mundo. Los cibernéticos se dan cuenta de que los humanos y las máquinas siguen principios sistémicos comunes, lo que les permite aprender a los unos de las otras y viceversa, y también acoplar su funcionamiento conjunto. Muy al estilo estadounidense esta corriente de pensamiento deriva hacia un enfoque tecnológico, formando parte de los orígenes de la computación, la robótica y la inteligencia artificial. Sin embargo, su pretensión científica y filosófica queda relegada a un segundo plano.

1973, Chile. Humberto Maturana y Francisco Varela, fundadores de la Autopoiesis, publican el libro *De máquinas y seres vivos*, haciendo renacer la sistémica en tanto conocimiento científico y filosófico de los sistemas. Varela había vuelto pocos años antes a Chile por su interés en apoyar el experimento chileno del socialismo democrático, que desde su inicio despertó esperanzas y convulsiones. El presidente Salvador Allende es derrocado en un golpe de Estado liderado por el general de Ejército Augusto Pinochet, que pronto destruye uno de los proyectos estrella de la coalición gobernante, la Unidad Popular: el Cybersin (o proyecto Synco). Se trataba de una sala de comando que centralizaría la información y las decisiones del Estado sobre la nación, entendida como un sistema, según la concepción del cibernético Stafford Beer, quien también llegó a Chile por la Unidad Popular. Se trató del intento más notable (a nivel mundial) de aprovechar el pensamiento sistémico para desarrollar estrategias y tecnologías en las políticas públicas. Pero, al parecer, los militares no vieron en este proyecto sistémico, pionero a nivel mundial, una herramienta útil para su régimen.

2020, Chile. Se publica *Deja a la estructura hablar*. Han transcurrido casi cinco meses desde que se desarrollara una batalla campal entre ciudadanos y las fuerzas policiales del Estado de Chile. Los ciudadanos cuentan con cascos de ciclismo, gafas de maestranza, ropa de calle, escudos artesanales, piedras, bombas molotov y leche de magnesio para atenuar el efecto de los gases lacrimógenos. Las fuerzas policiales cuentan con cascos, lentes, escudos, botas, ropa militar, escopetas de perdigones, escopetas de bombas lacrimógenas, carros lanza aguas y carros lanza gases. Ya han muerto más de cuarenta; eran del bando ciudadano. La gente clama por un cambio "estructural" en la organización política y económica de las naciones. Quieren otro modo de relación con la naturaleza, quieren otro trato hacia las mujeres, hacia las minorías, otra forma de convivencia. Ahora una pandemia de Coronavirus invade el mundo y llegó a este páis hace unos días. No existen anticuerpos, no existe vacuna. La amenaza es implacable y, pareciera, solo podemos ralentizar su expansión a través de intervenir en las relaciones entre humanos. Las autoridades intentan suprimir los contactos entre las comunidades y se cierran las fronteras entre naciones. Algo anda mal, son momentos de confusión. Las aglomeraciones en protesta aumentan la propagación del virus, pero la pandemia obligó a las personas a transportarse menos, a quedarse en casa, a convivir más con su familia y vecinos, y menos con sus compañeros de trabajo y transportistas, un proceso de "nucleación" urbana. Más encuentro entre cercanos, más demanda hacia el comercio local de pequeña escala (evitando aglomeraciones), más tiempo para reflexionar. Un estallido social y una pandemia, dos eventos inesperados (para cualquier persona individual) y con alto impacto social (dos "cisnes negros"). Todo está conectado en la sociedad. Como el autor subraya y reitera, los problemas importantes son problemas complejos, que deben enfrentarse con una mirada sistémica. Después de leer este libro será más accesible entender por qué y en qué sentido la sociedad (y no solo ella) es un sistema complejo, cómo usar un enfoque sistémico para abordar los problemas sociales y socioecológicos y cuán importante puede ser el papel de la ciencia interdisciplinaria en el progreso de la humanidad.

El comprender la sociedad como *sistema* nos llama directamente a buscar soluciones a sus problemas en: (a) la necesaria comprensión de la operación y relación entre sus componentes (y subcomponentes) y (b) la búsqueda de reconfiguración de los componentes de la sociedad (según Bogdánov, todo problema es organizacional). Y el comprender la sociedad como sistema *complejo* nos llama a (i) no caer en la ilusión de que los sistemas son algo parecido a un ajedrez, donde un agente central y externo al sistema puede tomar control y reconfigurar a este y sus componentes a voluntad, y a (ii) no asumir que el efecto de un componente sobre el resto del sistema es algo que un componente pueda determinar por sí mismo, por lo que toda consideración sobre los efectos de un componente sobre otro debe incluir la consideración de ese otro; lo que en sociología podría tal vez asociarse a la empatía, las consideraciones de la teoría de juegos, el determinismo estructural de Maturana, el concepto de interacción, etc.

El sistema que más tuvo en mente Bogdánov era el sistema social; los cibernéticos se enfocaban en la máquina y el cuerpo orgánico vivo, Maturana y Varela se centraron en la célula viva y la mente. Me resulta difícil no ver en este libro un enfoque inspirado en los ecosistemas. Y no es de extrañar, pues su autor es un excelente científico de los ecosistemas. Sin embargo, el presente libro tiene la virtud de ser una propuesta sistemática de estudio de los sistemas en general, algo que realmente hacía falta para el desarrollo y enseñanza de la sistémica hoy. Su autor, con quien he aprendido, compartido y trabajado activamente, tiene una virtud epistémica difícil de encontrar: la honestidad intelectual. Este volumen refleja esa honestidad, lo que, junto a su rigor y amplitud de mirada, lo convierten en una obra de exquisita lectura para mentes frescas y autónomas de pensamiento.

Es destacable en esta obra la bien lograda introducción al estudio de sistemas mediante modelos matemáticos. El tratamiento de este tema es lúcido, riguroso y al alcance de cualquier estudiante o profesional. El uso de modelos se ha consolidado como una herramienta indispensable en cualquier área del saber y faltaba una obra que ayude a su comprensión en lengua castellana. Sin duda será de gran ayuda tanto para científicos de la naturaleza en formación como para estudiantes y profesionales de ciencias sociales, comunicaciones y para educadores.

Aunque la sistémica en sí misma es adisciplinaria, se puede diferenciar en ella la aproximación científica a los sistemas, la "ciencia de los sistemas" y la aproximación filosófica a los sistemas, el "pensamiento sistémico". Este libro brinda una importante oportunidad, a quien lo lea en profundidad, para aprender a desplegar su pensamiento y prácticas personales desde dichas aproximaciones. En estos momentos de convulsión social, recomiendo particularmente este libro a aquellas personas que quieran afrontar los desafíos que presenta la sociedad en su conjunto y a quienes quieran organizar racionalmente su vida en armonía con sus propias expectativas y con el entorno socioecológico en el que vive.

Pablo Razeto Barry
Director del Instituto de Filosofía y Ciencias de la Complejidad
Nuñoa, Santiago de Chile, 9 de enero de 2020.

Prefacio

Decidí escribir este texto de introducción a la modelización y análisis estructural de sistemas tras notar la falta de uno similar en lengua castellana, que sea comprensible y significativo para personas sin entrenamiento matemático avanzado y que sea lo suficientemente conciso pero riguroso, como para poder estudiarse en unas cuantas horas de trabajo. También, y de manera especial, pretendo que sirva para comprender el sentido y los alcances de la modelización y el análisis estructural de sistemas. Así, este libro está concebido como un instrumento que, por un lado, sirva como texto formativo y accesible a no especialistas de habla hispana, en el ámbito de la modelización y la ciencia de sistemas y, por otro, promueva que científicos con cierta formación cuantitativa expandan su interés hacia la aplicación de sus habilidades científicas para contribuir a la sociedad en contextos de participación fuera de la academia, en procesos de toma de decisión. Espero que estas expectativas puedan cumplirse al menos en cierto nivel. En consecuencia, este libro está dirigido a aquellas personas interesadas en introducirse al pensamiento cuantitativo acerca de los fenómenos complejos de la naturaleza y la sociedad. Está pensado especialmente para estudiantes universitarios y profesionales del ámbito de las ciencias naturales y sociales, de las comunicaciones, de las ingenierías y de los negocios. También, y particularmente, para los profesores y estudiantes de educación secundaria y universitaria que deseen introducir aprendizajes de modelización, de teoría de sistemas, de ciencias integradas y de aprendizaje basado en proyectos.

Este libro está enfocado en la presentación y explicación del uso de herramientas al alcance de cualquier estudiante o profesional con formación matematica a nivel básico, para el desarrollo de habilidades de pensamiento sistémico y de habilidades de modelización y análisis de sistemas de cualquier naturaleza. A través de aplicar estas herramientas al estudio cuantitativo de sistemas naturales, sociales y, en especial, de sistemas socioecológicos, el lector podrá descubrir que la estructura de los sistemas tiene mucho que decir y explicar acerca del funcionamiento, operación y respuestas de estos en un mundo que cambia en múltiples aspectos físicos, biológicos y sociales, a tasas elevadas y, para algunos, inquietantes. Solo hay que conocer cómo interpretar las señales de la estructura, cómo leer y oír sus códigos. Intento que este libro sirva para tal propósito.

Puede resultar instructivo darle a conocer al lector de dónde proviene mi atracción por la modelización y el análisis estructural de sistemas. Al terminar mi segundo año de estudios de Biología en la Universidad Católica de Valparaíso, mi ciudad natal, dediqué ese verano a leer acerca de la teoría de la evolución. Confieso que fue uno de los mejores veranos de mi vida y esa lectura marcó mi fascinación por la *adaptación biológica* y la *selección natural* como su proceso generativo. Al siguiente año, me inscribí en el curso de morfología funcional animal, que terminó por consolidar mi interés por estos temas y cuyo profesor, el zoólogo Eduardo de la Hoz Urrejola (Cancino et al., 1999) terminó siendo una figura académica muy influyente en mi carrera. Esas chispas que finalmente gatillaron mi decisión de dedicar el resto de mi vida a la ciencia, fueron las profundas e inagotables conversaciones con aquel profesor, acerca de la relación entre *estructura* y *función* en seres vivos, aunque también en obras de arquitectura, en máquinas y en objetos en general. Así, entender el concepto de determinismo estructural, que luego conocí en la obra de Humberto Maturana, fue tan natural para mí como beber agua.

Algo más tarde, en mis clases de ecología, el ecólogo Francisco Sáiz Gutiérrez me hizo comprender, por medio de sus charlas y textos, que la estructura como determinante de la función opera también en niveles de organización más inclusivos: en poblaciones de organismos, en comunidades ecológicas y en ecosistemas. Otro ecólogo, discípulo de Ramon Margalef, en Barcelona, y quien para mi fortuna se convirtiera en mi supervisor de tesis de maestría, Luis Zúñiga Molinier, me motivó en la década de 1990 a estudiar matemáticas e introducirme en la modelización y el estudio de los sistemas complejos. Luego, de mi director de tesis doctoral, Hans Otto Siebeck, de la Ludwig-Maximilians Universität München, obtuve lecciones clave para la culminación de mi formación como estudiante. A él le agradezco el haberme transmitido el sentido del rigor en la obtención y uso de la evidencia empírica y la importancia y la belleza de poner la ciencia al servicio de las comunidades humanas. Mi homenaje y gratitud a estos maestros cuya visión no estaba velada por la búsqueda de la publicación rápida y de los factores de impacto. A ellos les debo en buena medida mi feliz carrera como científico, mi compromiso con la formación de estudiantes y mi modesta pero honesta obra académica, incluido este libro.

Muchas de las ideas y desarrollos expuestos en este texto fueron también inspirados, gatillados o francamente aprendidos de conversaciones con numerosos investigadores, a quienes me enorgullece haber conocido y les agradezco sus conocimientos aportados generosa y desinteresadamente. Algunas de estas brillantes personas son Alan A. Berryman, de la Washington State University, Wayne M. Getz, de la University of California at Berkeley, Jeffrey Dambacher, de CSIRO Oceans and Atmosphere (Australia), José D. Flores, de la University of South Dakota, Sonia Kefi, de la Université de Montpellier, Matías Arim de la Universidad de la República del Uruguay y Diego P. Vázquez, de CONICET, (Argentina). En mi país, Chile, hay personas fundamentales de quienes he aprendido mucho sobre materias del ámbito de este libro. Los más importantes han sido Eduardo González Olivares y Jaime Mena Lorca, del Instituto de Matemáticas de la Universidad Católica de Valparaíso, Pablo Razeto Barry, del Instituto de Filosofía y Ciencias de la Complejidad (Santiago), Pablo Moisset de Espanés, del Centre for Biotechnology and Bioengineering (Santiago), Ramiro Bustamante, Gonzalo Robledo, Italo Serey y Rodrigo Jiliberto Herrera, de la Universidad de Chile, Pablo A. Marquet, Francisco Bozinovic y Mauricio Lima, de la Pontificia Universidad Católica de Chile. Mi más profundo agradecimiento y aprecio hacia estos queridos amigos. También agradezco muy especialmente la inspiración y refrescantes conversaciones con mis estudiantes doctorales y de maestría, las cuales me han ayudado sobre todo a conocer mis vacíos, a organizar mis conocimientos y a desarrollar formas de explicar más eficaces. En el tema de la modelización y análisis estructural, mi especial reconocimiento a mis exestudiantes doctorales Leslie Garay-Narváez, Fernanda S. Valdovinos, Adriana Aránguiz-Acuña, Pasquinell Urbani y Javier González-Barrientos, a quienes espero haber facilitado en alguna medida sus trayectorias académicas. Algunas personas aportaron tremendamente a este proyecto a través de la paciente y generosa revisión de algunos capítulos de este libro. Carla Olmo, Antonio López-Carretero, Esteban Ortiz y Mauricio Franco-Cisterna revisaron críticamente y realizaron sugerencias en los capítulos de modelización y análisis de sistemas. Maximiliano Moder y Malva Uribe ayudaron a mejorar sustancialmente el capítulo sobre educación. Ramiro O. Bustamante y Horacio Samaniego revisaron críticamente la totalidad del manuscrito original y aportaron con sus certeros comentarios, agudos y siempre constructivos, a mejorar esta obra. Mi enorme gratitud a ambos. En la esfera personal, agradezco inmensamente a mi apreciado amigo Rodrigo Pica por facilitarnos su casa en el hermoso balneario de Maitencillo, donde pude finalizar la escritura de este libro con inspiración y paz.

Este proyecto no pudo haberse realizado sin el apoyo de mi institución, la Universidad Mayor, en Santiago de Chile, donde he encontrado un espacio grato para desarrollar mi labor científica con libertad y entusiasmo. El Estado de Chile, a través de la Comisión Nacional de Investigación Científica y Tecnológica CONICYT (actualmente Agencia Nacional de Investigación y Desarrollo, ANID) y especialmente su programa Fondo Nacional de Desarrollo Científico y Tecnológico FONDECYT que ha provisto los apoyos financieros principales para conducir nuestras investigaciones en ecología teórica desde el mismo inicio de este siglo. La publicación de este libro contó con financiamiento parcial del proyecto FONDECYT 1190173.

> *"No hay nada más práctico que una buena teoría."*
> Kurt Lewin, 1943

Rodrigo Ramos-Jiliberto
Santiago, Chile
marzo de 2020

Capítulo 1

Introducción

1.1 Sobre los sistemas y nuestros problemas

Este libro trata del estudio de la *estructura* de los *sistemas* de diverso tipo que conforman nuestro mundo. ¿Cómo entender el operar de los sistemas ecológicos o de las organizaciones sociales?, ¿cómo entender las miríadas de influencias que ejercen entre sí los componentes sociales, ecológicos, físicos, culturales, psicológicos, que definen los problemas complejos de nuestro planeta?, ¿cómo describir y representar estos *sistemas* para comenzar a entenderlos?, ¿cómo acceder, siquiera en parte, a anticipar sus respuestas frente a los futuros cambios sociales, climáticos, ambientales, demográficos que, con alta probabilidad, impactarán directamente en nuestra forma de vivir? y ¿cómo diseñar posibles medidas que podríamos adoptar en nuestras comunidades para enfrentar riesgos de origen natural o humano? En otras palabras, ¿cómo tomar decisiones con fundamentos respecto de problemas que se entrelazan con otros problemas?, ¿cómo proyectar las consecuencias de las acciones que ejercemos o podríamos ejercer sobre elementos que componen estos sistemas?

Muchos de los más importantes desafíos y problemáticas[1] que la humanidad enfrenta en el presente —y seguirá enfrentando en el futuro— son marcadamente complejos. De hecho, en los países en vías de desarrollo, aunque también en muchos países industrializados, algunos de estos retos giran en torno a la desigualdad de oportunidades entre distintos sectores sociales, la salud de la población, la expansión de las ciudades, la contaminación, los cambios climáticos, las relaciones interpersonales, los conflictos bélicos, la falta de acceso a la educación, la amenaza de la automatización y robotización para la empleabilidad de las personas, el envejecimiento demográfico de muchas naciones, la incertidumbre social y financiera, las afecciones emocionales, la pobreza, la disponibilidad de energía, alimentos y agua limpia, el crimen, la corrupción. Este tipo de problemáticas, por lo general, no obedecen a causas únicas y carecen de una única buena solución, ya que una solución particular podrá generar las consecuencias deseadas en cierto dominio de la situación, pero producirá efectos indeseados en otros. Esto se debe fundamentalmente al elevado número y la irregular distribución de las relaciones de influencia que ocurren entre las múltiples partes que componen los sistemas complejos, que reflejan a los problemas complejos.

---

1 La RAE define "problemática" como "conjunto de problemas pertenecientes a una ciencia o actividad determinadas". Aquí, se define este término como "conjunto de problemas y relaciones entre problemas pertenecientes a un ´ambito determinado."

Los problemas complejos requieren, para ser abordados y comprendidos, de la confluencia e integración de variadas disciplinas, del trabajo conjunto de personas con diferentes sensibilidades, conocimientos y capacidades. Y para ensamblar coherentemente las aportaciones de esta amplia diversidad de individuos con sus competencias particulares, la ciencia puede ayudar y mucho. En especial, aquellas ramas de la ciencia contemporánea que descansan en la investigación cuantitativa, que hacen uso de modelos formales y análisis matemático y computacional de sistemas complejos. Esa ciencia del siglo XXI que se focaliza en el estudio integrativo de los objetos y sistemas de estudio.

Sin embargo, ¿cuál ha sido la estrategia tradicional para abordar las problemáticas más complejas? Desafortunadamente, por medio de la versión más brutal del análisis: desmenuzándolas, partiéndolas en pequeños trozos, cada uno de ellos más simple y factible de resolver que la problemática completa. Aunque esta estrategia simplifica el modo de abordar problemas y fenómenos, también hace que el observador pierda completamente un aspecto determinante del comportamiento del sistema donde los problemas de interés se manifiestan, esto es, la conexión causal entre los diversos elementos que participan en el sistema/problema. Tómese como ejemplo la siguiente problemática: cómo aliviar los conflictos sociales, políticos y los daños sobre la salud humana y ecosistémica generados por la contaminación de los ríos. Cómo medir la contaminación considerando el tipo de contaminantes presentes y su concentración en el ambiente. Cómo estimar sus efectos sobre la biodiversidad natural, sobre la salud y la calidad de vida de la población humana y sobre la provisión de servicios que los ecosistemas brindan a la sociedad, que incluyen materias primas, regulación ambiental y beneficios culturales. Cómo establecer las fuentes de la contaminación y las tasas de emisiones o descargas, provenientes de industrias, desechos domésticos, actividad agrícola o ganadera, entre otras. Cómo establecer las rutas que siguen los contaminantes desde las fuentes que los generan hasta el ambiente que nos preocupa. Cómo evitar la descarga de contaminantes en el futuro, ya sea a través de la eliminación de su generación en las fuentes o bien impidiendo su transporte al ambiente. Cómo restaurar las áreas afectadas. Cómo hacer que la poblacion humana confíe en las medidas adoptadas. Un enfoque reduccionista del problema planteado a modo de ejemplo, probablemente derive en decisiones de las autoridades tendientes a atacar un aspecto puntual que ofrezca resultados inmediatos al menor coste económico. La decisión consistiría, posiblemente, en mejorar los atributos paisajísticos del ambiente, sin considerar las causas que conducen a su deterioro. Una medida de este tipo permitiría, justificadamente, sospechar que el problema persistirá, lo cual no aliviará en lo absoluto el conflicto social generado. Ahora bien, considerar las causas de la contaminación a través de acciones para eliminar las fuentes actuales, no asegura que en el futuro no aparezcan nuevas fuentes de los mismos o de otros contaminantes. Las actividades industriales se adaptan a nuevos entornos económicos y sociales mucho más rápido que las normativas que las regulan. Por otro lado, cualquier medida ingenieril en pro de la mitigación del problema, que no incluya una comprensión real y profunda del conjunto de causas y efectos involucrados, no será aceptable para una comunidad mínimamente participativa, y los aspectos sociales y políticos de la problemática no podrán resolverse.

Las problemáticas complejas requieren ser abordadas mediante un análisis estructural de los sistemas asociados. Esto incluye fundamentalmente revelar su estructura, construir modelos y estudiar sus propiedades, para luego proyectar formalmente las consecuencias de acciones futuras como soluciones potenciales. A estas soluciones las llamamos soluciones estructurales o soluciones sistémicas.

1. 2 Estructura

Parece sensato que ante el desafío de comprender y eventualmente influir sobre estos aspectos de la realidad, con el objeto de promover la convivencia entre humanos, y entre humanos y otros seres vivos en el planeta, debamos adoptar una perspectiva estructural. Sin embargo, aunque términos como *estructural, sistémico, modelo, complejo* aparecen frecuentemente en el discurso público, incluso personas con muchos años de estudio no saben muy bien a qué se refieren exactamente. Esto conduce a que estas palabras sean utilizadas de forma imprecisa. El término estructural puede comprenderse coloquialmente como antónimo de cosmético. Las propiedades estructurales de un objeto son aquellas que lo definen en su fondo, en sus fundamentos y determinan su función y sus respuestas frente a perturbaciones del entorno. Las problemáticas estructurales, por lo tanto, apelan a condiciones fundamentales de un sistema que deben ser corregidas para mantener o promover ciertas funciones. Por soluciones estructurales se entienden aquellas acciones que corrigen o mitigan problemas estructurales.

Técnicamente, la definición de estructura de un sistema se ha presentado en al menos dos formas cercanas entre sí. Por un lado, la definición de la RAE es "disposición o modo de estar relacionadas las distintas partes de un conjunto". Diccionarios de otras lenguas ofrecen definiciones similares. Esta primera definición puede reducirse a: conjunto de relaciones entre los elementos componentes de un sistema u objeto. Una segunda forma de definir estructura es, por ejemplo, basándonos en el diccionario Merriam-Webster, según el cual una estructura es "el arreglo de partes en una sustancia o cuerpo" o "el conjunto de elementos de una entidad en sus relaciones entre sí"[2]. Es decir, esta segunda acepción de estructura incluye tanto a las partes como a las relaciones entre estas.

En su teoría de sistemas autopoiéticos, Humberto Maturana y Francisco Varela utilizan términos diferentes para cada caso. Así, definen *estructura* como "los componentes y relaciones entre componentes que realizan a un sistema particular como un sistema particular de una cierta clase" y *organización* como la "configuración de relaciones entre componentes que definen y constituyen la identidad de clase de un sistema particular" (Maturana y Mpodozis, 1992). Sin embargo, para estos autores las relaciones que comprenden la organización de un sistema son un subconjunto de las relaciones entre componentes que ocurren en su estructura. De acuerdo con esto, la estructura de un sistema puede variar sin comprometer su identidad. Sin embargo, modificar la organización de un sistema implica la pérdida de su identidad (Maturana y Pörksen, 2004). Según Maturana y estos colaboradores, tanto la organización como la estructura son características que deben conocerse, a fin de entender el funcionamiento de los sistemas sociales y, por extensión, el de los sistemas de similar complejidad, por ejemplo, ecológicos y socioecológicos: "Esto es, debemos mostrar tanto las relaciones entre componentes que lo definen como tal (organización), como los componentes con sus propiedades, más las relaciones que lo realizan como una unidad particular (estructura)." (Maturana et al., 2006).

En este libro, sin embargo, adopté un concepto de *estructura* que incluye la colección de *elementos* componentes con sus propiedades, así como la colección y organización de *relaciones* entre estos elementos y sus propiedades. Entre las propiedades más relevantes de las relaciones entre elementos está la *fuerza de la relación*, que indica cuán estrechamente vinculados están los elementos en la relación y, por lo tanto, qué tan interdependientes son sus cambios de estado. Entre las propiedades de los elementos, podemos mencionar el *valor* (magnitud o intensidad) de estos y su *valoración* (negativa, positiva o neutra) que se pueda atribuir respecto de cierta referencia, función o propósito. Sin embargo, buena parte de los métodos presentados en este volumen se concentran en las relaciones entre elementos, más que en sus propiedades.

Un marco formal apropiado para el estudio de las estructuras como entidades abstractas y, particularmente, de las estructuras complejas que encontramos en forma recurrente en los sistemas naturales, sociales y socioecológicos,

---

2 Traducción del autor.

lo brinda la *teoría de grafos* y, muy especialmente, la *teoría de grafos dirigidos* (también llamados digrafos) (Harary et al., 1965; Puccia y Levins, 1985). En este libro presento y utilizo los principios de la teoría de digrafos para el análisis estructural de sistemas y redes. Las redes y sistemas que se analizan son, en rigor, *modelos* de redes y sistemas reales[3]. Un modelo de sistema ya es una abstracción del sistema real y en cuanto tal contiene los componentes que representan los componentes reales considerados esenciales, dada la naturaleza del sistema y el propósito de la modelización. De este modo, la estructura del sistema modelo se acerca a la estructura fundamental del sistema real, aquella que le otorga identidad y determina sus funciones y sus relaciones con el entorno. Aquí cobra mucho sentido la noción maturaniana de *determinismo estructural*[4] (ver Maturana y Pörksen, 2004) y el conjunto de relaciones entre elementos de este modelo de sistema tiende a converger con la noción de *organización* del sistema real. Así, en este libro incluyo técnicas para conducir un estudio estructural/organizacional de sistemas, a través de la construcción y análisis apropiados de modelos de sistemas. En mi opinión, mientras el análisis de sistemas es una actividad científico-técnica, que descansa en disciplinas y teorías científicas y matemáticas para revelar patrones, la construcción de modelos es más bien una actividad de carácter artístico-técnica, dado que es una actividad creativa, que expresa las percepciones e ideas del autor, en la obtención de una representación de la realidad. En ambos casos, el carácter técnico obedece a que se requiere de la puesta en práctica de procedimientos protocolizados y formales en el uso de símbolos definidos y consensuados por una comunidad de expertos.

1.3 Ciencia de sistemas

Avanzado el siglo XXI, la ciencia de sistemas se ha consolidado como una metadisciplina que aporta, por un lado, una forma de ver el mundo y sus fenómenos desde una perspectiva estructural y, por otro, un grupo de técnicas para abordar problemas complejos en numerosos dominios, como la sociología, la economía, las ciencias políticas, las ciencias organizacionales, la administración,

3 Deliberadamente, en este texto se evade el debate acerca de si existe o no una realidad externa a e independiente del observador. Por ello, llamamos un sistema "real" a aquel que el observador percibe como perteneciente a su entorno o construye como entidad abstracta.

4 Un sistema presenta determinismo estructural cuando su comportamiento y función están determinados totalmente por su estructura. Esta determinación aplica tanto para el comportamiento interno del sistema como para las relaciones que establece con otros sistemas y con el entorno.

la psicología, la biología y las ciencias ecológicas y ambientales. Por otro lado, han habido notables desarrollos recientes en diversas áreas del saber como matemáticas, física, ciencias de la computación, ciencias naturales y epistemología, por nombrar algunas, que nutren a la ciencia de sistemas con nuevas herramientas analíticas, nuevos conceptos y nueva información empírica.

La ciencia de sistemas contemporánea se ha desarrollado gracias a las aportaciones de la teoría de sistemas de primera generación, basada en la tectología de Alexander Bogdánov y en la teoría de sistemas generales de Ludwig von Bertalanffy de comienzos del siglo XX, de la cibernética, de la teoría de la información y de la teoría de la autopoiesis de Maturana y Varela, desarrolladas en la segunda mitad del mismo siglo. Los adelantos más recientes del siglo XXI provienen de las llamadas ciencias de la complejidad, que incluyen fundamentalmente la teoría de redes (o ciencia de redes), la teoría de sistemas dinámicos no-lineales y la teoría de sistemas complejos adaptativos. Como soporte técnico, la actual ciencia de sistemas aplica ampliamente conceptos y procedimientos provenientes de la teoría de grafos y de las ciencias de la computación. Así, la ciencia de sistemas ha abandonado su infancia. Esta ha perdurado, ha crecido y se ha desarrollado en el tiempo para consolidarse como perspectiva y práctica en diversos dominios del saber. Como herramienta intelectual, son muchos y buenos los motivos para promover la ciencia de sistemas en el aprendizaje escolar, para adoptar el enfoque sistémico en cursos integrativos de carreras universitarias y para fomentar el pensamiento sistémico como un puente entre disciplinas diversas que requieren ser convocadas para la búsqueda de soluciones a problemas complejos desde una perspectiva estructural.

Podemos visualizar la modelización y análisis estructural de sistemas como una técnica para construir conocimiento acerca de la estructura y comportamiento emergentes a nivel de sistema, a partir de la organización del conocimiento local, disponible a nivel de elementos componentes del sistema. Visto así, la ciencia de sistemas y el análisis estructural ofrecen una excelente vía para dar sentido a las masas de datos y a la información parcial, que actualmente se acumulan a tasas elevadas. De este modo, la ciencia de datos y la ciencia de sistemas presentan un enorme potencial para desarrollar sinergias que catalicen un mayor desarrollo de las ciencias y de las tecnologías en los ámbitos de los sistemas naturales, sociales y, en particular, en los sistemas socioecológicos, que constituyen el escenario donde emergen los mayores desafíos actuales de la humanidad para sí misma y el planeta. El incorporar a nuestra caja de herramientas intelectuales los elementos centrales de la ciencia de sistemas y, especialmente, habilidades de modelización y análisis de sistemas, nos habilita para poner nuestras capacidades y nuestra libertad al servicio del desarrollo de la sociedad y de nuestra propia realización personal. Así, la utilización en el plano profesional y científico de las herramientas que se presentan en este libro, permite al cientista de sistemas integrar y liderar equipos de trabajo para comprender y explicar el funcionamiento de partes del mundo, y para desarrollar soluciones a problemas de la realidad. En el plano personal, el aprendizaje de elementos de ciencia de sistemas promueve el desarrollo de habilidades intelectuales de razonamiento, una visión del mundo en su complejidad y totalidad, así como actitudes positivas hacia la convivencia entre los humanos y con otras especies.

1.4 Síntesis de contenidos

Si bien este libro pretende servir como base para el aprendizaje de conceptos fundamentales de ciencia de sistemas, el énfasis es ofrecer una introducción, tan amable y libre de tecnicismos como sea posible a la modelización y análisis estructural de sistemas. Para este fin, utilicé como base los formalismos de la teoría de grafos y redes y, particularmente, los de la teoría de digrafos. El objetivo es que los científicos encuentren en este texto una inspiración para abrir la modelización de sistemas más allá de sus disciplinas habituales y la apliquen a los procesos de toma de decisiones en ámbitos fuera de la academia. Para los profesionales no científicos, este texto los invita a introducirse al mundo de la modelización y análisis formal de sistemas, sin requerir conocimientos avanzados de matemática. Para los estudiantes, este libro ofrece las bases para el desarrollo de habilidades de razonamiento formal, toma de decisión y resolución de problemas basados en la modelización.

En el capítulo 2 revisito el concepto de *sistema* a la luz de las diferentes definiciones de la literatura y discuto en torno a sus características esenciales. Tras brindar una definición apropiada, profundizo en una caracterización de los *sistemas complejos* y resumo sus principales propiedades, incluyendo conceptos clave como el de *retroalimentación*. Luego, trazo una distinción entre sistemas naturales y artificiales para, seguidamente, propender a borrar esa distinción a través de la noción de *sistemas socioecológicos*. En el tercer capítulo profundizo en la reflexión acerca de qué es un *modelo* y, específicamente, qué es un *modelo científico*. ¿Qué es lo verdaderamente esencial en los modelos científicos, independiente de su lenguaje?, ¿para qué se usan estas construcciones? y ¿cómo podemos visualizar los diferentes tipos de modelos utilizados en ciencia? Es un capítulo orientado a esclarecer la necesidad de la construcción y los alcances de los usos de estas creaturas, que constituyen buena parte del objeto de este texto. A continuación, me detengo a presentar las características y ventajas de los *modelos visuales* como instrumentos de representación de fenómenos. Los modelos visuales destacan por la facilidad para su comprensión y, consecuentemente, también para su construcción. En este capítulo, el lector encontrará una explicación de ciertos elementos fundamentales de la teoría de grafos y redes, al alcance de cualquier persona interesada. En el capítulo 4 nos empapamos en la médula de este texto. Aquí desarrollo en forma simple cómo podemos *crear* un modelo visual mediante la utilización de *digrafos signados*. Una lectura cuidadosa de este capítulo sirve como una guía paso a paso para comprender y conducir una *modelización estructural formal* de cualquier tipo de sistema, simple, intuitiva, sin ecuaciones, sin datos empíricos, sin jerga matemática: una modelización *cualitativa*. El ser capaz de modelizar adecuadamente un sistema genera un salto ascendente significativo en las capacidades de comprensión, de comunicación y de análisis de los fenómenos o estructuras de interés, y espero que esta sección aporte a este fin. En el capítulo 5 presento algunas de las técnicas más útiles para analizar la estructura de los modelos de sistema construido a partir del contenido del capítulo 4. En los fundamentos, explico cómo diferenciar los variados elementos de un sistema modelo, las propiedades básicas de conectividad de un digrafo signado y su representación como matriz de adyacencia, la cual facilita los cálculos de las métricas que se utilizan en el análisis. Comienzo por presentar el *análisis visual* como la forma más directa, simple e inspiradora de análisis de un modelo. Un buen análisis visual de un buen modelo cualitativo de un sistema de interés puede ser suficiente para abordar una parte importante de los desafíos trazados en un proyecto de estudio en contextos socioecológicos. Luego, se introducen herramientas de *análisis cuantitativo* para caracterizar la *estructura de la red*, tanto en sus propiedades globales como en las propiedades de sus elementos constituyentes. Posteriormente, en el capítulo 6 presento herramientas para realizar un análisis de la *dinámica del sistema* modelizado, incluyendo aspectos de la estabilidad del sistema y de las respuestas del mismo a *perturbaciones* ejercidas sobre sus elementos. Este cuerpo teórico lo utilizo después para hacer un *análisis de escenarios de perturbación*, que permite evaluar cuantitativamente los efectos resultantes de posibles medidas de acción sobre el sistema en procesos complejos de *toma de decisión y resolución de problemas*. Finalmente, en el capítulo 7 expongo por qué y cómo debiéramos transitar hacia *una nueva educación* escolar en Iberoamérica, donde los estudiantes sean los verdaderos líderes de su propia formación, los aprendizajes se concentren menos en el almacenaje de conocimientos y más en el desarrollo profundo de habilidades y actitudes, que habiliten a las personas a desarrollarse felizmente en la convivencia con otras personas en la sociedad y con otras especies en nuestro planeta. En este sentido presento pasos concretos para avanzar en este proyecto, centrado en el desarrollo del pensamiento sistémico en los estudiantes, que en parte puede ser facilitado por el estudio de este texto.

Capítulo 2

¿Qué es un sistema?

2.1 Definición de sistema

Es muy probable que toda persona tenga alguna noción de qué es un *sistema* y también que esa noción sea parcialmente consistente con definiciones técnicas, como las que se presentan a continuación. Las conceptualizaciones informales de sistema generalmente giran en torno a tres aspectos: 1) un sistema es algo que posee *unidad*, en el sentido de que no es posible dividirlo sin que pierda su identidad; 2) un sistema es algo que contiene *partes* observables; 3) las partes de un sistema presentan alguna forma de *articulación o coordinación* entre sí. Estos aspectos forman parte esencial de toda definición válida de sistema. Revisemos una muestra de las muchas definiciones de sistema que pueden encontrarse en la literatura.

En física un sistema es una porción del universo físico *escogida para ser estudiada*. Lo que está fuera del sistema se conoce como *ambiente*, el cual se ignora en el análisis del sistema, excepto en lo que se refiere a los intercambios de energía y materia entre sistema y ambiente. Los *límites* del sistema (y su frontera con el ambiente) se definen a conveniencia del analista. En función de los intercambios entre sistema y ambiente, se pueden reconocer sistemas abiertos, cerrados o aislados. Los últimos son sistemas que no presentan intercambio alguno con el ambiente. Los sistemas abiertos intercambian tanto materia como energía con su ambiente, mientras que los sistemas cerrados intercambian energía, pero no materia con el ambiente. Bajo este concepto, el tipo al cual un sistema pertenece —aislado, cerrado o abierto— está determinado por la permeabilidad a la materia y a la energía que presenta su frontera. En matemática, un sistema es un conjunto de dos o más *ecuaciones acopladas* entre sí, a través de un conjunto compartido de incógnitas. Por otro lado, en matemática se define un *sistema dinámico* como un sistema (formado por una o más ecuaciones acopladas) cuyo estado evoluciona o cambia con el tiempo de acuerdo con una regla establecida.

Los científicos que han aportado a la teoría de sistemas, que se esgrime desde su origen como una disciplina transdisciplinaria, han desarrollado diversas definiciones de sistema. Von Bertalanffy aclara que "un sistema puede ser definido como un complejo de *elementos en interacción*. Interacción significa que tales elementos p, establecen relaciones R, de modo que el comportamiento de un elemento p en R es diferente de su comportamiento en otra relación R'. Si los comportamientos en R y R' no son diferentes, entonces no hay interacción y los elementos se comportan independientemente respecto de las relaciones R y R' (Von Bertalanffy, 1968)". Una definición particularmente lúcida, por su agudeza y concisión, es la que proporcionan Maturana y Varela (1973). Según estos autores, un sistema es "cualquier conjunto señalable de componentes que se especifican como *constituyendo una unidad* ". Meadows (2008) define sistema como un conjunto de elementos interconectados de tal manera que producen su propio *patrón de comportamiento* a través del tiempo (dinámica). Fuerzas externas pueden gatillar o inhibir un comportamiento que se encuentra *latente en la estructura* del sistema. Tal comportamiento o respuesta es, además, característico del sistema. Más adelante, Meadows (2008) define un sistema como un conjunto interconectado de elementos *organizado coherentemente* de forma que exhibe una *función o propósito*. Los sistemas exhiben diferentes tipos de comportamiento: pueden cambiar, adaptarse, responder a eventos, perseguir metas, autorrepararse, ocuparse de su propia sobrevida. Los sistemas pueden exhibir autoorganización, resiliencia y evolución. Watt, situándose en el ámbito de la ecología, define un sistema como "un complejo de procesos entrelazados caracterizado por muchas vías de causación recíproca" (1966). También desde la perspectiva de las ciencias naturales, Berryman y Kindlmann (2008) definen un sistema como "un ensamble de objetos o componentes que interactúan, se intercomunican, o dependen uno del otro para *funcionar como un todo integrado*".

A partir de esta diversidad de concepciones de sistema ofrecidas por los autores antes mencionados y por varios otros, podemos extraer preliminarmente un conjunto de propiedades necesarias que debe contener —implícita o explícitamente— una definición de sistema, que luego procuraré sistematizar.

1. Un sistema es señalado o especificado por un observador, por lo tanto, no posee una expresión objetiva y unívoca en la realidad.

2. Un sistema debe poseer límites o fronteras que lo distingan de su ambiente y lo delimiten como unidad.

3. Un sistema se reconoce como una unidad coherente, que presenta un comportamiento, función o propósito definible.

4. El comportamiento de un sistema está especificado por su estructura.

5. Un sistema puede presentar cambios en sus propiedades observadas, es decir, en su estado a través del tiempo. Sin embargo, mantiene su integridad.

6. Un sistema está compuesto por un conjunto de elementos y un conjunto de interacciones entre dichos elementos.

7. Los componentes de un sistema presentan un comportamiento específico de acuerdo al sistema del cual forman parte.

8. Un sistema puede contener sistemas de orden menor y, a la vez, estar conectado con otros sistemas, formando parte de un sistema de orden mayor.

A partir de las propiedades anteriores, propongo la siguiente definición de sistema: Conjunto especificado de elementos interconectados e interdependientes que constituyen una unidad coherente, persistente, diferenciable de su entorno y que exhibe un rango de comportamientos característicos determinados por su estructura.

2.2 Estado de un sistema

Un concepto clave en el ámbito de los sistemas, particularmente relevante en el contexto del comportamiento o dinámica de sistemas, es el de *estado* que explico a continuación. Llamamos *estado del sistema* a su condición en un instante y tiempo dado, definida por la condición, en ese instante, de sus elementos internos especificados. Para el caso de buena parte de los sistemas naturales, sociales y socioecológicos que son de nuestro interés, los elementos que los componen presentan valores que cambian en el tiempo. Para estos *sistemas dinámicos* su estado en un instante t corresponde al conjunto de *valores* de sus elementos en t y, más rigurosamente, el conjunto de valores en t de sus *variables de estado*. Las variables de estado son aquellas variables necesarias y suficientes para describir los estados del sistema. Además, en ausencia de fuerzas externas que afecten al sistema, el conocimiento del estado presente del sistema y, por lo tanto, de la condición actual de sus variables de estado, es suficiente para determinar el estado futuro del sistema si se conocen las reglas de cambio que gobiernan su dinámica. Finalmente, el comportamiento del sistema o dinámica del sistema en un intervalo de tiempo determinado, corresponde a la secuencia temporal de estados del sistema en ese intervalo.

2.3 Tipos de sistemas

2.3.1. Sistemas simples y sistemas complejos

La distinción entre sistemas simples y sistemas complejos es elusiva y no se encuentra completamente resuelta en la literatura. Podemos reconocer dos dimensiones en la descripción del nivel de complejidad en los sistemas. A una de estas dimensiones la llamaremos complejidad estructural y a la otra complejidad funcional. Los sistemas que poseen complejidad estructural son aquellos que presentan las siguientes características a nivel de sus componentes: a) están compuestos por un gran número de elementos (desde decenas hasta millones), b) los elementos establecen un gran número de interacciones entre ellos (en un sistema totalmente conectado, el número de interacciones crece con el cuadrado del número de elementos), c) las interacciones se distribuyen de modo heterogéneo entre los elementos del sistema, es decir, algunos elementos establecen pocas conexiones, mientras otros elementos establecen muchas, d) el patrón de distribución de conexiones entre los elementos del sistema no puede ser enunciado en forma abreviada. Es decir, se requiere de mucha información para efectuar una descripción apropiada de la estructura del sistema (ver Fig. 2.1), e) las interacciones exhiben típicamente no-linealidad, esto es, la magnitud de un efecto no es proporcional a la magnitud de su causa o, en otras palabras, si A influye a B, un cambio en A generará un cambio en B, cuya magnitud será exageradamente mayor o menor en relación a la magnitud del cambio experimentado por A, f) el sistema presenta numerosos ciclos de retroalimentacion (en inglés *feedback*, ver Sección 2.4). Estas características estructurales de los sistemas tienen como consecuencia (*funcional*) que el ejercicio de una acción sobre un elemento o un grupo de estos influirá al resto de los elementos del sistema, pero de una forma no-uniforme.

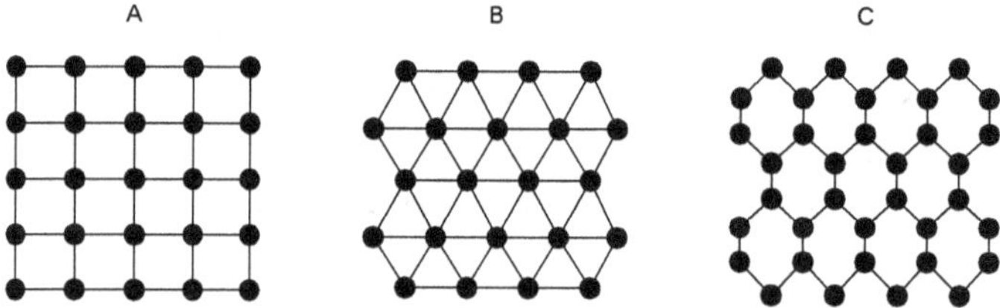

Figura 2.1: Ejemplos de patrones de distribución de conexiones con baja *complejidad estructural*. Exceptuando los bordes, los nodos (círculos) tienen el mismo número m de conexiones y, además, el patrón de conexiones entre los nodos puede describirse con una simple regla abreviada como "cada elemento se conecta con sus m vecinos más cercanos mediante conexiones de igual longitud". En A, B y C $m = 4$, $m = 6$ y $m = 3$ respectivamente.

Desde la otra perspectiva y atendiendo a la segunda dimensión de complejidad enunciada, un sistema presentará complejidad funcional cuando su *comportamiento* manifieste algunas de las siguientes características: autoorganización, adaptación, emergencia, estar en la frontera del caos y transiciones abruptas de estado. Todo lo anterior genera una baja predictibilidad de su dinámica. A continuación se explican estos conceptos.

Autoorganización y adaptación

En pocas palabras, la autoorganización se refiere a la capacidad de un sistema de exhibir *organización espontánea*. Esto incluye la capacidad de *formación* del sistema, *desarrollo* del mismo y *mantenimiento de su organización y funcionamiento*, en ausencia de control, manejo o restricciones externas como fuerzas determinantes. Este proceso de autoorganización global del sistema emerge como resultado del conjunto de las numerosas interacciones locales entre sus elementos componentes, las cuales operan sin estar determinadas o moduladas por objetivos a nivel del sistema completo. La autoorganización de sistemas no se explica entonces por la operación de un controlador central, sino que se gobierna por la cooperación de interacciones y decisiones locales ampliamente distribuidas dentro del sistema. Ejemplos de sistemas que exhiben autoorganización son ecosistemas, células, bandadas, cardúmenes, sociedades y movimientos sociales masivos.

La adaptación es la capacidad que exhibe un sistema para modificar su estructura y su función en respuesta a cambios en su ambiente. En otras palabras, es el mantenimiento de su autoorganización frente a la novedad. En general, los sistemas biológicos, sociales y socioecológicos se consideran sistemas complejos adaptativos y su estudio se ha constituido recientemente como una disciplina autónoma.

Emergencia

Es el fenómeno de formación de nuevas estructuras y comportamientos a partir del *acoplamiento coordinado de elementos diferenciados*. Este acoplamiento coordinado de elementos origina un nuevo nivel de organización, más inclusivo, de mayor orden, con propiedades coherentes no explicadas por la adición simple de las propiedades de los elementos constituyentes. Las propiedades que exhibe la nueva entidad formada a través del proceso de emergencia, se denominan *propiedades emergentes* y, dentro de ellas, las propiedades funcionales se llaman *comportamientos emergentes*. La frase popular con que comúnmente se asocia el fenómeno de la emergencia es: el todo es más que la suma de sus partes. Ejemplos de propiedades emergentes se encuentran en ciertas propiedades químicas de moléculas, en la expresión de los genomas, la estructura y función celular, los servicios ecosistémicos, los movimientos sociales, etc. En todos ellos, el comportamiento o estructura emergente proviene de las interacciones no-aditivas (i.e., sinérgicas e inhibitorias) de sus diferentes partes. Una propiedad interesante que es inherente al fenómeno de la emergencia en sistemas complejos es la causación descendente. Debido a que en un sistema coexisten al menos dos niveles de organización, uno al que pertenecen sus elementos —nivel local— y otro del sistema completo —nivel global—, se producen vías de causación recíproca entre ambos niveles y, en general, entre los varios niveles del sistema. Es normalmente intuitivo entender la causación *ascendente*, según la cual las propiedades globales están determinadas por las propiedades locales. Por ejemplo, la calidad de un equipo de fútbol es determinada por la calidad de sus jugadores y técnico, la productividad de una empresa depende del desempeño de sus empleados, la precisión y durabilidad de las piezas de un reloj determina el funcionamiento correcto de la máquina, etc. Sin embargo, la causación *descendente* es una propiedad prevalente en sistemas complejos, pero menos intuitiva de apreciar. Aquí, ciertas propiedades locales se determinan por las propiedades globales del sistema. Por ejemplo, el desempeño colectivo del equipo de fútbol determina el desempeño de sus jugadores, la productividad de los empleados de una empresa se ve afectada por los resultados globales de la empresa, los procesos de un ecosistema influyen en el desempeño de sus especies componentes, el correcto funcionamiento del reloj determina la vida útil de sus partes. Con todo, la apreciación de la emergencia en sistemas complejos confronta la visión reduccionista, bajo la cual se asume que las propiedades globales de un sistema se pueden explicar completamente a partir de las propiedades de sus componentes.

En la frontera del caos

La llamada frontera del caos es una condición de transición, en la que los sistemas exhiben un comportamiento dinámico controladamente inestable, en un constante intercambio entre un *comportamiento ordenado* y un *comportamiento cáotico*. Un comportamiento dinámico ordenado converge a una dinámica predecible, ya sea de estado estable (sin cambios de nivel a través del tiempo) como en Fig. 2.2A o periódica como en Fig. 2.2B. Cuando el sistema exhibe un comportamiento ordenado, variaciones moderadas en el punto de inicio (i.e. condición inicial) de la trayectoria temporal del sistema tienden a no ser determinantes en los estados del sistema en el largo plazo. Un comportamiento cáotico se caracteriza por cambios aperiódicos y aparentemente aleatorios en el sistema a través del tiempo (Fig. 2.2C). Si el sistema exhibe un comportamiento caótico, diferencias incluso minúsculas en las condiciones de partida se amplifican a través del tiempo, lo cual hace prácticamente imposible efectuar predicciones de largo plazo. Un comportamiento ordenado preserva la integridad del sistema pero carece de flexibilidad. Un comportamiento caótico es poco funcional en cualquier contexto, aunque promueve respuestas insospechadas del sistema. Un sistema que está en la frontera entre el caos y el orden es lo suficientemente ordenado como para presentar comportamientos coherentes y suficientemente caótico como para exhibir flexibilidad ante el cambio. En esta condición transitoria, presumiblemente, se encuentran buena parte de los sistemas complejos que conocemos en nuestro mundo.

Transiciones abruptas de estado

Este término alude al comportamiento en el que se produce una reorganización radical y persistente de la estructura de un sistema, con un cambio notable en su funcionamiento. Esta transición se genera en respuesta a alguna perturbación que ejerce cambios persistentes (a menudo graduales) sobre ciertos componentes del sistema. El carácter abrupto de esta transición de estado se explica porque los cambios acumulados en el sistema, producto de una perturbación sostenida, sobrepasan en cierto momento un punto crítico o umbral (*tipping point*), lo que gatilla el cambio de estado. La propensión de algunos sistemas a exhibir transiciones abruptas de estado se explica por su complejidad estructural, particularmente, por una marcada no-linealidad de sus interacciones entre elementos. Este fenómeno tiene como expresión popular la frase "la gota que derramó el vaso", en referencia a que una acumulación gradual de líquido en un vaso no produce un efecto drástico hasta que se cruza el umbral en que el vaso se llena. Ejemplos naturales de transiciones abruptas de estado se encuentran en avalanchas, pérdidas de hielo en glaciares, eventos climáticos, generación de incendios, cambios ecosistémicos en lagunas y los llamados estallidos sociales, entre otros. Una característica interesante, pero que dificulta la restauración de los sistemas sometidos a estos cambios, es que estas transiciones son irreversibles, en el sentido de que si las variables que gatillan el cambio recuperan sus valores iniciales, esto suele no ser suficiente para que el sistema regrese a su estado inicial (Biggs et al., 2009).

Baja predictibilidad

Una consecuencia relevante de las propiedades referidas, asociadas a la complejidad funcional de sistemas es que tienden a generar comportamientos que, aunque sean consistentes y exhiban patrones, son difíciles de predecir en el largo plazo. Particularmente ardua es la predicción de las respuesta de sistemas complejos a perturbaciones ambientales. Este es el caso de muchos de los grandes desafíos actuales del mundo, como la respuesta de sistemas naturales y socioecológicos al cambio climático, la respuesta de sistemas sociales a la globalización y al mismo cambio climático, así como las respuestas de sistemas socioecológicos a las migraciones provocadas por los cambios ambientales como las sequías, las inundaciones, los incendios, entre otros.

2.4 Retroalimentación (*feedback*)

Un proceso presenta retroalimentación cuando la salida o resultado del proceso que se genera en un tiempo *t*, actúa como entrada de (es decir, alimenta a) el mismo proceso en un tiempo $t + \tau$, donde τ es la duración de un ciclo del proceso.

Un sistema, que representa las influencias recíprocas entre sus elementos, presenta ciclos de retroalimentación cuando una secuencia de influencias entre pares de elementos es cerrada, es decir, cuando el inicio y el término de esa secuencia son indistinguibles (Fig. 2.3). Los ciclos de retroalimentación tienen mayor sentido y relevancia cuando se consideran los signos de las influencias entre las variables implicadas. Por ejemplo, supongamos que en la Fig. 2.3A las variables *a* y *b* representan los niveles de agresividad de dos personas, Julio y Juan, respectivamente. Las flechas indican influencia positiva entre las variables, es decir, si aumenta *a* también aumenta *b* y viceversa. En el ejemplo, si Julio eleva su nivel de agresividad contra Juan, este último responderá aumentando su agresividad contra Julio, a lo que Julio responderá aumentando aún más su agresividad contra Juan y así sucesivamente. Este fenómeno, popularmente llamado círculo vicioso es un ejemplo de retroalimentación positiva. El término positiva no tiene que ver con su carga valórica sino simplemente con el signo del ciclo de retroalimentación, que en el caso de ser positivo tienen un carácter *autorreforzante*. El signo del ciclo completo de retroalimentación se obtiene mediante la multiplicación de los signos de las influencias entre los pares de elementos que componen el ciclo. El ciclo de la Fig. 2.3B es similar. Aquí supongamos que la variable *a* representa la cantidad de basura acumulada en el parque, mientras que *b* representa el aprecio y actitud de cuidado de la comunidad local hacia ese parque. La influencia negativa de *a* hacia *b* indica que cuanta más basura tenga el parque, menor será mi aprecio hacia ese lugar y viceversa. La influencia negativa de *b* hacia *a* indica que mientras más aprecio tenga la comunidad por el parque, se acumulará menor cantidad de basura y viceversa. Entonces, el ciclo de retroalimentación define que si la comunidad disminuye su aprecio por el parque, este acumulará más basura, lo que generará menor aprecio posterior por el parque y esto a su vez generará un nuevo incremento en la acumulación de basura y así sucesivamente. Este ciclo es otro ejemplo de retroalimentación positiva, en esta oportunidad generado por la concatenación de dos influencias negativas. Los ciclos de retroalimentación negativos, como los de la Fig. 2.3C y D, al contrario de los ciclos positivos, son ciclos *regulatorios* y, por lo tanto, son de gran importancia en el mantenimiento de las funciones y de la integridad de los sistemas. Supongamos ahora que la Fig. 2.3C representa el volumen de ventas de un juguete de moda (variable a) y el precio de venta del juguete (variable b). Se muestra que ocurre una influencia positiva del volumen de ventas a sobre el precio b, y una influencia negativa del precio b hacia las ventas a. Entonces, si aumentan las ventas del juguete, este subirá su precio, pero al subir el precio bajarán las ventas, lo que hará esta vez disminuir su precio en el futuro. Tras la disminución de precio aumentarán las ventas y así sucesivamente. Este ciclo de retroalimentación negativa corresponde al clásico juego económico entre oferta y demanda que sustenta la planificación de mercado en sociedades económicamente liberales. Lo que genera, en caso que la representación sea correcta y no omitamos influencias anexas, un comportamiento de equilibrio o bien oscilatorio pero controlado del precio y de las ventas del juguete. Nótese que, independiente del número de variables involucradas, los ciclos de retroalimentación positivos resultan en un aumento o en una disminución descontrolada del nivel de las variables, mientras que los ciclos de retroalimentación negativos promueven la regulación y el equilibrio de los niveles de las variables. En las Fig. 2.3E-F se muestran ciclos de retroalimentación de 6 variables, uno positivo (E) y uno negativo (F). Como los ciclos no tienen un inicio y un término absolutos, no importa la variable que se tome como referencia de inicio (para construir el relato), el signo del ciclo de retroalimentación siempre será el mismo y el resultado dinámico, invariante.

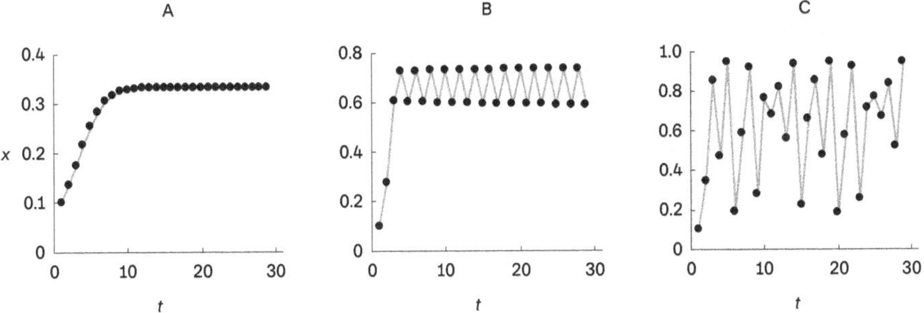

Figura 2.2: Comportamiento dinámico de un sistema. x es el nivel de una variable que cambia a través del tiempo t. A: comportamiento ordenado, de estado estable. B: comportamiento ordenado, periódico. C: comportamiento caótico. Este ejemplo numérico son soluciones del mapa logístico $x_{t+1} = x_t \cdot k(1 - x_t)$, con $k = 1{,}5$ (A), $k = 3{,}1$ (B), $k = 3{,}8$ (C) y $x_0 = 0{,}1$ en los tres casos.

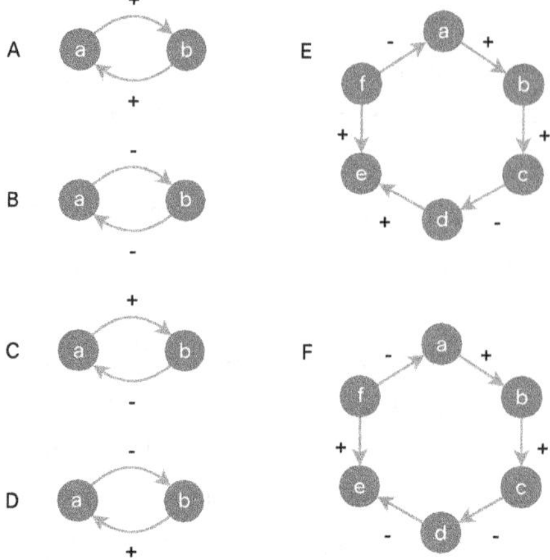

Figura 2.3: Ciclos de retroalimentación de dos (A-D) y seis (E-F) variables. Los ciclos de retroalimentación A, B y E son positivos, mientras que los ciclos C, D y F son negativos. El signo sobre cada flecha indica el signo de la influencia directa de una variable sobre la otra.

2.4.1. Sistemas naturales, artificiales y socioecológicos

Desde el inicio de este texto, he hecho una distinción quizá demasiado drástica entre aquello que pertenece a la esfera humana, cultural y aquello que pertenece al mundo natural. De acuerdo con esa tradición, es común encontrar una distinción entre sistemas naturales y sistemas artificiales.

Los sistemas naturales están conformados por elementos del mundo natural (i.e. elementos químicos, materiales de la Tierra, seres vivos, grupos de seres vivos) cuyas interacciones en el sistema no han sido elaboradas por seres humanos, como es el caso de una célula, un río o una colonia de abejas. En los sistemas artificiales, en cambio, los elementos o sus interacciones en el sistema son humanos o son entidades elaboradas por seres humanos (e.g. un reloj, un zoológico, una empresa). Una clase de sistemas artificiales son los sistemas sociales, los cuales están compuestos por personas, grupos de personas o instituciones. A esta clase pertenecen las familias, los grupos de amigos, las agrupaciones gremiales, las etnias, las religiones, los Estados y corporaciones, entre otros. Para establecer si el sistema es natural o artificial debemos determinar si los elementos e interacciones que definen la identidad del sistema provienen del mundo natural o de la actividad humana. Sin embargo, muchos sistemas existentes en la Tierra contienen elementos y/o interacciones de ambos tipos, natural y artificial. En estos casos, si la identidad del sistema se define por interacciones

entre elementos naturales y elementos artificiales, el sistema será propiamente
híbrido. Encontramos ejemplos de sistemas híbridos en los biorreactores, que
consisten en máquinas que contienen otros seres vivos (típicamente microorganismos) como elementos centrales para generar un producto deseado mediante procesos biológicos como la fermentación; en los *biochips*, que consisten en
películas de material biológico (i.e. ADN) sobre superficies artificiales conecta-
das a sistemas de registro y procesamiento de señales, con el fin de registrar la
ocurrencia de múltiples reacciones bioquímicas de interés, como también en los
sistemas agrícolas, donde un cultivo vegetal manipulado convive con fauna y
flora nativa y con infraestructura y maquinaria industrial. Una clase de sistemas
híbridos la constituyen los sistemas socioecológicos, que contienen elementos
de la sociedad humana en interacción con elementos naturales, pertenecientes
al medio físico o biológico, los cuales establecen también interacciones naturales entre sí. Por ejemplo, un lago sobre el que se ha construido una infraestructura, un conjunto de viviendas que comparte un sector de tierra con vegetación
nativa, un embalse que contiene elementos naturales y artificiales, un humedal
con instalaciones turísticas, una zona de manejo pesquero, un bosque nativo
bajo explotación controlada, un área verde urbana, etc. Este tipo de sistemas
híbridos ha recibido distintos nombres: sistemas humano-naturales, sistemas
humano-ambientales, sistemas sociales-ecológicos, sistemas socioecológicos,
sistemas ecosociales, sistemas econaturales, sistemas socionaturales y sistemas socioambientales. Aunque es posible notar distintos énfasis en cada uno
de estos conceptos, pues provienen de distintas tradiciones académicas, aquí no
haremos distinción entre ellos y usaremos el término sistema socioecológico.
El concepto detrás de los sistemas socioecológicos es que los humanos somos
parte integral de los ecosistemas. No hay separación real entre el mundo natural
y el mundo social y, por lo tanto, deben entenderse de forma conjunta (Fig. 2.4).
Esta visión es bastante realista, puesto que prácticamente no existe rincón del
planeta exento de la acción humana directa. El marco de sistemas socioecológicos se utiliza en forma creciente en la actualidad por practicantes de disciplinas
diversas como la ecología, las ciencias ambientales, las ciencias sociales, la economía y la salud pública. Desde sus inicios, a fines del siglo XX, el estudio de los
sistemas socioecológicos ha sido genuinamente interdisciplinario.

El impacto a nivel global que el cambio climático inducido por la actividad
humana ejerce actualmente sobre los ecosistemas, las ciudades, las economías
y las naciones ha provocado lentamente la toma de decisiones por parte de los
privados y los Estados conducentes a minimizar este impacto sobre el planeta
y, particularmente, sobre las sociedades humanas. Hoy, el cambio climático se
hace sentir sobre la organización de la vida humana, la actividad agrícola, pe-

cuaria, forestal, pesquera, turística. Los cambios climáticos en países con menor desarrollo macroeconómico han promovido migraciones campo-ciudad, migraciones entre países, estimulando incluso conflictos armados. Por otro lado, el impacto social de nuestras decisiones sobre la economía, a través de la globalización financiera y cultural, tiene efectos sobre nuestra relación con el medioambiente. Por ejemplo, cada vez compramos más productos que son transportados por muchos kilómetros hasta llegar a nuestros hogares, con la consecuente huella ecológica asociada. Se fomentan economías extractivistas y de cultivos básicos en países de menor desarrollo macroeconómico, que se materializan, por ejemplo, en una explotación inadecuada de los recursos pesqueros, las plantaciones forestales y la crianza de animales exóticos, que terminan ejerciendo fuertes impactos sobre los ecosistemas nativos. Ejemplos sobran y lo que resulta evidente es que los grandes desafíos actuales de la humanidad guardan una estrecha relación con las formas en que los humanos nos relacionamos entre nosotros y las formas en que interactuamos con el mundo natural, el que a su vez tiene sus propias estructuras de interacción. El enfoque para resolver estos problemas, que afectan directamente al planeta como un todo, incluyendo la esfera humana, naturalmente, debe ser interdisciplinario, en el que personas con experiencias y capacidades diversas y complementarias trabajen en conjunto para entender la estructura y el funcionamiento de estos fenómenos complejos. Ello se ve favorecido por el marco que brindan los sistemas socioecológicos.

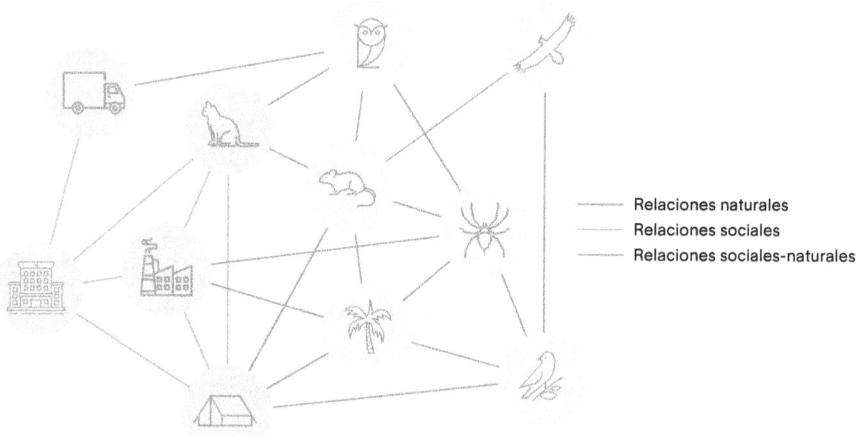

Figura 2.4: Representación gráfica de un sistema socioecológico.

2.5 Ventajas del enfoque sistémico

Es útil, a fin de apreciar la utilidad del concepto de sistema, recordar —por antítesis— la naturaleza de una mezcla. Ejemplos de mezclas son soluciones químicas como la salmuera —cuyos componentes son agua y sal— o el martini seco —vermouth más gin— o mezclas heterogéneas como el hormigón —arena, cemento, agua—, el guacamole —palta (aguacate o avocado), tomate, cebolla, ajo, sal, aceite. En los ejemplos anteriores, el todo está definido por su composición de elementos en determinadas cantidades, pero su definición no contempla la organización que pueden adoptar sus componentes entre sí. En estos casos, la conformación de la unidad mayor puede llevarse a cabo mediante la adición simple de sus componentes, acaso requiera seguir un orden de adición específico. Asimismo, las reglas de conformación de la unidad se reduce a completar una lista de ingredientes. Por el contrario, un sistema es tal en cuanto especifica las relaciones que adoptan entre sí sus elementos. La diferencia es mayúscula. Supóngase un equipo de fútbol concebido como mezcla: junte un grupo de once chicos hábiles con la pelota, provéanles de la ropa adecuada y un balón. En contraste, un equipo de fútbol pensado como sistema: reúna un jugador que actúe como arquero, tres como defensas, cuatro mediocampistas —dos de los cuales juegan en el centro de la cancha y otros dos en los laterales— y tres delanteros —dos laterales y uno central. El balón se hará circular entre defensas y mediocampistas adyacentes, así como entre mediocampistas y delanteros. El arquero podrá enviar el balón tanto a defensas como a mediocampistas. Mirado como sistema (Fig. 2.5), el equipo tiene una organización, una estructura y un comportamiento colectivo cuyo éxito depende de la realización de las interacciones entre sus jugadores. Tampoco se debiera esperar que un jugador de buen desempeño en un equipo tenga igual eficacia en otros equipos, ya sea en equipos con diferentes jugadores o en equipos conformados con los mismos jugadores, pero con otra organización (e.g. mediocampistas que jueguen como defensas o donde haya dos delanteros en vez de tres). En otras palabras, el comportamiento de un elemento (un jugador) depende de su contexto relacional y, por extensión, la expresión de sus propiedades (su desempeño) depende del sistema del cual forma parte, no solo de sus cualidades individuales.

Tomando otro caso ilustrativo, en un lago —observado como mezcla de elementos, sin considerar las interacciones entre sus elementos—, una autoridad podrá estar satisfecha de mantener una actividad turística en torno a este ecosistema, fomentando la pesca deportiva de peces de gran tamaño. En el caso de que se agote el *stock* de peces grandes, esperaremos a que crezcan los más pequeños y, en el intertanto, siempre se podrá explotar turísticamente la belleza de las aguas y la tranquilidad que ella aporta al visitante. Sin embargo, la extracción de peces grandes genera que los peces pequeños que les sirven de alimento aumenten en número, lo cual provoca una fuerte disminución de los minúsculos invertebrados que son devorados por este gran contingente de peces pequeños. Al disminuir drásticamente los invertebrados, las microalgas que están en la base de las cadenas alimenticias de este ecosistema pueden proliferar sin control, ya que sus controladores invertebrados están disminuidos. El aumento masivo de las microalgas implica la fijación de gran cantidad de carbono desde la atmósfera, junto a la producción de mucha materia orgánica, lo cual conlleva un aumento masivo de bacterias y otros microorganismos. Esta materia orgánica utiliza gran parte del oxígeno disuelto en el agua del lago, generándose un ambiente turbio, anóxico, que hiede por los productos del metabolismo anaeróbico. En síntesis, al remover los grandes peces se genera un deterioro global del ecosistema, que es adverso para la biota y poco atractivo para los visitantes. La industria turística se desploma.

Apreciar la realidad como sistemas, es decir *pensar en forma sistémica*, implica abordar problemas y buscar soluciones considerando las relaciones entre los elementos que conforman un sistema, así como también las relaciones entre diferentes sistemas. Así es posible proyectar las cadenas y redes de efectos que una acción generaría. Un pensamiento sistémico es un pensamiento esencialmente contextual y las soluciones que se buscan con este enfoque son soluciones estructurales. El concepto de sistema es un instrumento intelectual poderoso y flexible, que ofrece herramientas para el desarrollo de un pensamiento crítico y para el planteamiento y resolución de problemas complejos.

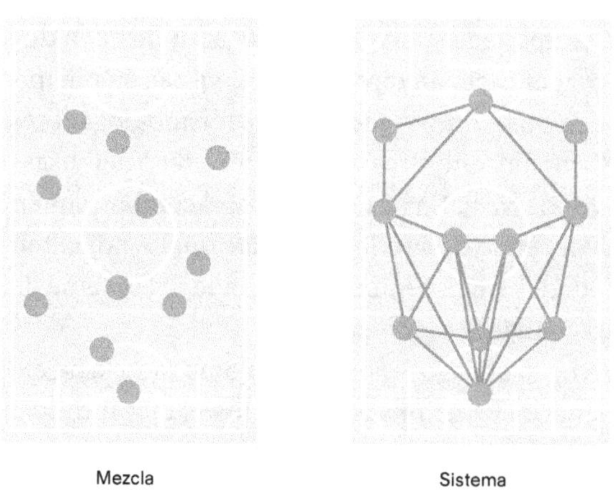

Figura 2.5: Equipos de fútbol concebidos como una agregación de jugadores sin organización (izquierda) y como un sistema con organización (derecha).

Capítulo 3

Modelos de sistemas

3.1 El concepto de modelo científico

En la actualidad, los modelos son un instrumento de importancia crucial para el desarrollo del conocimiento en todas las ciencias (Frigg y Hartmann, 2018). La palabra modelo, para una persona alejada de la ciencia, probablemente aluda o bien a alguien que trabaja exhibiendo vestuario y accesorios en su cuerpo (modelo de alta costura) o bien a una imitación miniaturizada de un avión, buque o automóvil (modelos a escala). Ambos usos del término modelo, aunque correctos, corresponden a casos específicos de un concepto más amplio. Ninguno de estos, sin embargo, corresponde al término modelo en el ámbito de la ciencia. Un modelo científico es una entidad declarada como sustituta de un sistema real, creada para facilitar nuestra comprensión del sistema modelizado, que tiene la propiedad de ser más simple de estudiar que el sistema real al que sustituye.

Así, un modelo científico es un instrumento construido para facilitar la comprensión de la estructura, el funcionamiento, el comportamiento o las respuestas del sistema real de interés. Este conocimiento puede utilizarse para predecir sus estados futuros en diversos contextos o retrodecir sus estados pasados para explicar su presente (ver Cap. 6). Contrariamente, los modelos no científicos pueden tener propósitos comunicacionales, publicitarios, estéticos u otros, pero no se conciben explícitamente como instrumentos para comprender un sistema. Exploremos los elementos de la definición de modelo científico planteada recién.

Un modelo científico, cualquiera sea la forma o lenguaje en que este se presente, siempre será un modelo *de algo*. Un modelo de átomo, un modelo de ADN, un modelo de la interacción depredador-presa, un modelo del clima, etc. Un modelo en ciencia no tiene sentido como entidad independiente del objeto que representa. Y puesto que un modelo científico es por esencia un instrumento para, como ya se dijo, comprender mejor el comportamiento de un sistema —o clase de sistema— definido, la calidad de un modelo científico se debe evaluar en función de la utilidad que este presta para la comprensión de los sistemas que representa.

La utilidad de los modelos científicos, así como el motivo principal de su amplia y creciente utilización, radica en que muchos fenómenos de la realidad son tan complejos y difíciles de entender por medio de nuestros sentidos y nuestro razonamiento que requerimos, para su comprensión, de un sustituto de ellos que sea efectivamente aprehensible con nuestras herramientas intelectuales y técnicas. Esto implica que tal sustituto, el modelo científico, para que sea efectivo debe por definición ser más simple de entender que la realidad que representa. Por ejemplo, un globo terráqueo es un modelo de nuestro planeta. Contiene aspectos que imitan cercanamente al objeto que representa, por ejemplo, la disposición espacial de los distintos continentes e islas y la relación de estos con los océanos que los rodean. También se mantienen las proporciones de superficie ocupada por cada región y la forma general del planeta. Sin embargo, existen numerosos elementos del sistema real —el planeta— que no están incluidos en el modelo aludido. Por ejemplo, el modelo no da cuenta de lo que está bajo las superficies de la tierra y los océanos. Tampoco representa adecuadamente el relieve de los paisajes ni los materiales (tanto agua como montañas son del mismo material en el modelo). El modelo tampoco incluye movimientos de la tierra ni erupciones volcánicas ni corrientes marinas; tampoco contiene seres vivos, etc. Podríamos decir sin riesgo de estar en profundo desacuerdo, que el globo terráqueo es una pobre representación del planeta, que solo imita un reducido conjunto de aspectos de la naturaleza y omite, o bien presenta en forma distorsionada, la mayor parte de las características del objeto representado. Sin embargo, esos pocos elementos que el modelo representa adecuadamente son suficientes para el propósito del modelo, que es ofrecer una visión global de la superficie terrestre. Tomemos otro ejemplo. Una arquitecta utiliza una maqueta como modelo de una construcción proyectada. Por supuesto, al igual que en ejemplo anterior, salta a la vista una gran diferencia entre la maqueta y la construcción real: la disparidad de sus respectivos tamaños. Otra diferencia son los materiales. La maqueta no se construye con ladrillos ni vidrios, sino con cartón, papel y láminas de plástico. El modelo no posee cimientos y el interior solo tiene ciertos elementos muy básicos. No incluye red eléctrica ni de gas ni de agua, no posee la misma resistencia a la lluvia o movimientos sísmicos, etc. Sin embargo, mantiene las relaciones espaciales entre los elementos esenciales de la construcción y su entorno, imita adecuadamente la visibilidad de sus ambientes, la orientación geográfica, entre otras características. Así, el modelo constituye una representación mínimamente suficiente para su propósito, que es la presentación de los elementos visibles principales de la construcción y su entorno inmediato, con una adecuada relación entre las dimensiones de sus elementos.

En la investigación científica a menudo se utilizan modelos animales. Por ejemplo, se utilizan ratones rasurados para probar la efectividad de un protector solar o pequeños crustáceos acuáticos para evaluar la toxicidad de una sustancia incorporada al mercado. Estos modelos animales actúan como sustitutos de un espectro más amplio de seres vivos. Con el uso de ratones no se pretende saber si un protector solar previene el daño a la piel de los ratones cuando se exponen a la luz solar. Lo que interesa es utilizar la reacción de los ratones como una señal de lo que puede ocurrir a la piel de todos los mamíferos y, en particular, de los humanos. Como la piel de un ratón responde de manera similar a la piel de los humanos, el ratón es una entidad sustituta suficientemente apropiada para este propósito. Asimismo, el examen de las respuestas de crustáceos a la exposición a una sustancia potencialmente dañina no apunta solamente a estimar la probabilidad de que esa sustancia dañe a estos pequeños animales, sino a estimar la probabilidad de que esta genere efectos adversos en toda la biota de una región expuesta a esa amenaza. Así, si los crustáceos se afectan por la sustancia, es posible que cualquier otro organismo también sea afectado, ya sea directa o indirectamente. Así, los crustáceos son un modelo apropiado del conjunto de organismos expuestos al riesgo. Yendo algo más en profundidad, una prueba con un modelo animal se realiza comúnmente bajo condiciones ambientales fijas y estándar. Por ejemplo, la prueba de toxicidad con crustáceos se realiza a 20°C, con pH neutro y organismos de prueba de menos de 24 horas de edad, pertenecientes a un linaje genético certificado, en oscuridad y sin proveerles de alimento. De este modo, el modelo animal lo constituye un crustáceo de una edad específica, de un linaje específico y un conjunto de condiciones ambientales específicas en que se realiza la prueba.

Finalmente, nuestra definición sostiene que un modelo debe ser más simple de estudiar que la realidad que sustituye. Cabe preguntarse: ¿qué características hacen del modelo una entidad más fácil de observar que la realidad que representa? En otras palabras, ¿qué características de un modelo científico permiten que este cumpla su propósito central y, por lo tanto, sea un buen modelo?

La docilidad de un sistema para ser estudiado y comprendido radica en buena medida en un puñado de propiedades: la congruencia de escalas —espacial y temporal— con el observador, un nivel moderado de complejidad estructural y la facilidad que ofrece para observarlo en forma reiterada y sistemática. Desarrollemos estos elementos.

3.1.1 Características de un buen modelo científico

Escala espacial

Los sistemas muy grandes como las galaxias o muy pequeños como las moléculas presentan obstáculos para su entendimiento simplemente por su escala: son demasiado grandes o demasiado pequeños en relación a la escala humana, del observador. Su observación sistemática requiere de instrumentos sofisticados (telescopios, sondas satelitales, microscopios, microarreglos de expresión génica, etc.). Las complicaciones técnicas para obtener información desde estos sistemas imponen serias restricciones para su estudio. Por tales motivos, utilizamos modelos de estos sistemas en los cuales la escala está distorsionada, a fin de hacerla más congruente con la escala de observación característica del investigador. Así, requerimos ocupar modelos del universo, modelos de átomos y de moléculas, modelos del clima global y modelos metabólicos de las reacciones químicas intracelulares. Sin ellos, nuestro entendimiento sería prisionero del alcance físico de nuestros sentidos.

Escala temporal

Hay también fenómenos de la realidad que ocurren demasiado lento, tardando mucho en manifestarse en relación a la escala del observador, como la formación de nuevas especies biológicas, la evolución de las creencias humanas o el calentamiento global. Estos fenómenos resultan ser objetos de estudio que, sin el uso de modelos científicos, tardaríamos siglos en obtener la información necesaria para su entendimiento a partir de la observación directa. Por ello, utilizamos modelos que distorsionan la escala temporal en la que suceden para llevarla a una escala congruente con la escala temporal del observador. Es decir, fenómenos muy lentos como los recién mencionados se modelizan de manera que podamos observar un fenómeno sustituto que ocurre más rápido. De modo equivalente, existen fenómenos que ocurren demasiado rápido, lo cual obstaculiza registrar las observaciones adecuadas con la resolución suficiente. Por ejemplo, una reacción nuclear, la fecundación, la evocación de un recuerdo. Tales fenómenos, para poder ser estudiados, requieren de un modelo que opere a una escala temporal congruente con la escala temporal en que se desenvuelve el observador. Es decir, un modelo que reproduzca los fenómenos relevantes a una velocidad mucho menor que el sistema real.

Complejidad estructural

Muchos de los sistemas y fenómenos reales que capturan actualmente nuestra atención se componen de numerosos elementos, de diversa naturaleza, interrelacionados de manera intrincada. La organización de estos componentes conforma una red compleja de influencias entre ellos. Cada elemento del sistema es influido por uno o, más comúnmente, varios otros elementos del mismo sistema y, a su vez, participa de varios conjuntos de elementos que influyen también en otros elementos del sistema. Por ejemplo, si estudiamos el problema del exceso de basura en la ciudad de Valparaíso, sin duda nos encontraremos con un gran número de elementos participantes: los hábitos y actitudes de sus habitantes, la disponibilidad y distribución de tachos de basura, la frecuencia de la recolección de desperdicios, la tasa de producción de basura domiciliaria y comercial, los desechos provenientes de animales urbanos no-humanos (fundamentalmente perros, gatos y palomas), la dispersión de la basura por efecto del viento, la deriva superficial de basura, el relieve de la ciudad, el sentido de pertenencia y apego a la ciudad, la pobreza, la actividad portuaria, la pesca artesanal, el nivel de educación de la población, la carencia de baños públicos, el consumo de alcohol, actividades comerciales nocturnas, recursos municipales, políticas públicas, comercio ambulante, turismo. Esos pueden ser parte de los elementos principales que determinan el exceso de basura en la ciudad. Sin embargo, el *problema* de la basura es aún más amplio e incluye su descomposición, dependiente de la temperatura ambiente y la humedad del aire, el hedor percibido, que depende de la circulación del aire y de la tolerancia de las personas, la cual a su vez puede depender de su historia de vida, su cercanía política con las autoridades locales, la ubicación espacial de su vivienda, sus movimientos circadianos, su capacidad olfativa. Asimismo, la percepción del problema por parte de la ciudadanía está fuertemente determinada por la cantidad y calidad de la cobertura periodística local, la cual es influida por la cantidad de noticias alternativas, los acuerdos comerciales y políticos entre los medios y los gestores públicos y el estado anímico del público objetivo. Por supuesto que el estado anímico del público tiene a su vez numerosos determinantes. Así, resulta fácil darse cuenta de que es inviable analizar simultáneamente todas las variables y las interrelaciones involucradas en un fenómeno, a fin de mejorar nuestro entendimiento del sistema y de promover la generación de soluciones. Dicha tarea es inviable no porque se requiera reconocer y contar las muchas variables involucradas, sino porque se requiere información acerca del estado de estas variables en el sistema real, de su comportamiento y, sobre todo, de sus influencias actuales y esperadas sobre el resto de las variables del sistema. Entonces, la única táctica viable para mejorar nuestra comprensión del problema de la basura en Valparaíso y otros de complejidad similar o superior, consiste en estudiar un sistema sustituto, un modelo, equivalente en sus aspectos fundamentales al sistema real, pero que prescinde de los elementos considerados como menos relevantes. En otras palabras, el modelo científico al que se alude es un sustituto abstracto y simplificado del sistema real. Cuanto más simple, más factible de analizarse en profundidad y más probable obtener conocimiento a partir de su análisis.

Factibilidad de observación sistemática reiterada

En ciertos casos resulta impracticable estudiar directamente un sistema real, no porque presente dificultades de escala o excesiva complejidad estructural, sino porque realizar manipulaciones sobre ese sistema no está permitido legalmente o no es ético llevarlo a cabo o simplemente es muy problemático técnicamente. Por ejemplo, una evaluación experimental de las consecuencias del calentamiento global sobre la biósfera no puede llevarse a cabo —por restricciones tanto éticas como técnicas— mediante el aumento de la temperatura del planeta y el registro de sus efectos. Asimismo, tampoco es recomendable experimentar con la propagación de una infección viral o de un ataque biotóxico. Tampoco está permitido experimentar con la respuesta de seres humanos a nuevas drogas, hasta que los efectos de estas hayan sido exitosamente verificadas en modelos animales. Para abordar todas estas preguntas —por cierto muy relevantes— debemos, ante la imposibilidad de manipular directamente los sistemas reales, emplear sistemas sustitutos apropiados que sí puedan manipularse libremente, es decir, modelos.

3.2 Tipos de modelos científicos

A continuación presento una manera simple de visualizar la diversidad de modelos más utilizados en las disciplinas científicas, tanto naturales como sociales. No intento ofrecer una clasificación rigurosa, sino más bien una vía para organizar de forma básica la diversidad observada de los grandes grupos de modelos. Esta organización descansa en cinco criterios: (i) objeto de modelización, (ii) propósito de la modelización, (iii) formato del modelo, (iv) resolución de la modelización y (v) lenguaje de modelización (Fig. 3.1). Como ya se ha discutido la dicotomía entre modelos científicos y no-científicos, muestro los restantes criterios de clasificación. Ejemplos gráficos de algunos de estos tipos de modelos se exponen en la Fig. 3.2.

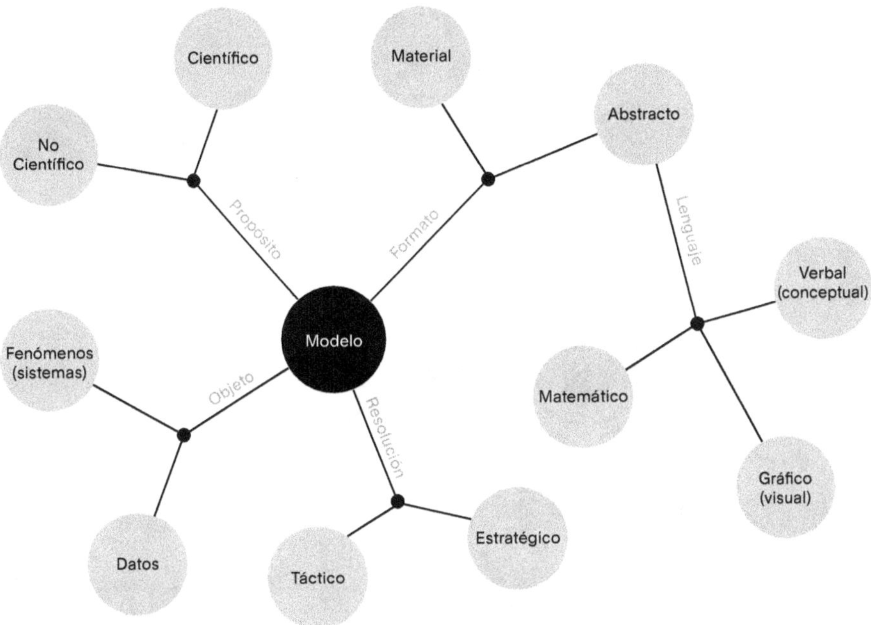

Figura 3.1: Una clasificación de los tipos de modelos según los criterios de: objeto de modelización, propósito de la modelización, formato del modelo, resolución de la modelización y lenguaje utilizado en los modelos abstractos.

3.2.1 Objeto de modelización

De acuerdo con este primer criterio existen modelos de fenómenos (concebidos como sistemas) y modelos de datos.

Muchos modelos representan fenómenos, entendidos como una parte definida del mundo que captura nuestro interés y forma parte de nuestra experiencia. Dentro de la categoría de fenómeno caben aspectos del mundo que son observables y otros que no lo son, que existen en el presente o que han existido en el pasado o que se asume solo existen en nuestra mente o en nuestro lenguaje. Dentro de las ciencias se estudian fenómenos naturales como el clima, las aguas, los organismos, los ecosistemas, las estrellas, los procesos de formación de suelo, la erosión, la circulación de fluidos, las reacciones químicas, la evolución del universo, las sociedades, los sistemas económicos, las decisiones, etc. Estos fenómenos o sus componentes se pueden representar como sistemas y un modelo que apunta a representarlos para estudiarlos es un modelo de fenómenos.

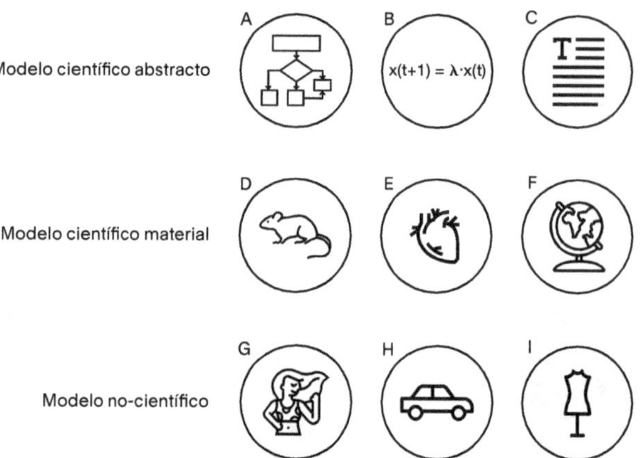

Figura 3.2: Diferentes tipos de modelos. A-C muestran modelos científicos abstractos: modelo visual (A), modelo matemático (B), modelo verbal (C). D-F muestran modelos científicos materiales: modelo animal (D), modelo de órgano (E), modelo tridimensional de la tierra (F). G-I muestran modelos no-científicos: modelo de alta costura (G), automóvil a escala (H), maniquí (I)

Un modelo de datos es una representación de la tendencia que dibujan, de modo más o menos camuflado, los datos crudos registrados previamente producto de la observación de un fenómeno o sistema. Tal tendencia se expresa en una relación matemática entre variables, la cual se define mediante técnicas propias de la estadística. Por tal motivo, estos modelos se denominan también modelos estadísticos. Los modelos de datos son extremadamente importantes en la construcción del conocimiento científico, por su rol en el descubrimiento de regularidades que inspiran la formulación de teorías, así como en la confirmación de estas mediante la verificación de sus predicciones. Adicionalmente, el descubrimiento de regularidades (i.e. patrones) permite aventurar pronósticos ahí donde la teoría no es capaz de realizar predicciones confiables por sí sola. Esta tecnología de modelización de datos se emplea en los pronósticos de fenómenos complejos como el tiempo climático, la dinámica de infecciones y plagas, los ritmos biológicos de la floración o migraciones, entre otros. La idea básica que respalda esta técnica es que resulta muy probable que lo que se ha repetido regularmente durante mucho tiempo (entre el tiempo $t - n$ y el tiempo presente t), lo más probable es que se siga repitiendo al menos en el futuro inmediato (entre t y $t + \delta$). Luego, en el instante futuro $t + \delta$ se actualiza la modelización de datos para pronosticar lo esperado en el nuevo futuro inmediato, entre $t + \delta$ y $t + 2\delta$.

En nuestra definición de modelo, los modelos de datos son estructuras matemáticas (por ejemplo una curva) que representan de forma idealizada un conjunto de datos. De este modo, se simplifica la descripción y análisis de las tendencias que caracterizan el conjunto de datos, los cuales están enmascarados por detalles menos relevantes. A modo de ejemplo, en la Fig. 3.3 se muestra el mismo conjunto de datos (círculos azules), modelizado con una recta (A, alto nivel de simplificación) y con una curva (B, bajo nivel de simplificación). El modelizador de la izquierda es mucho más útil, debido a que es una descripción más comprensible de la tendencia de los datos, la recta es poco sensible a la pérdida o adición de datos, y permite visualizar y proyectar dicha tendencia por debajo o por sobre el rango de datos observados a fin de efectuar un pronóstico.

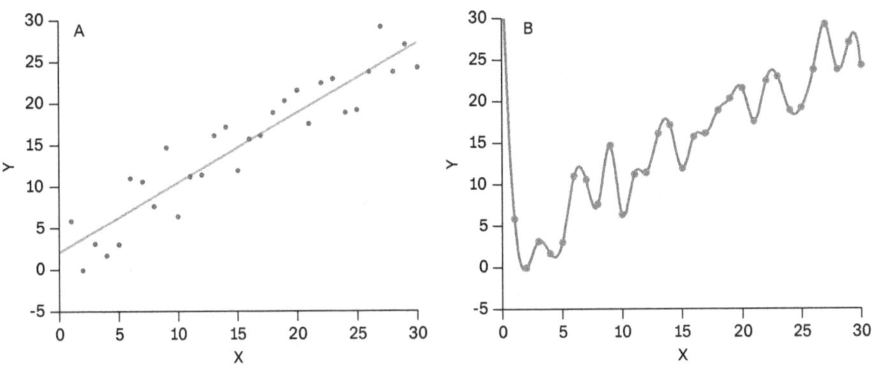

Figura 3.3: Ejemplo de modelización de datos. A: alto nivel de simplificación. B: bajo nivel de simplificación. Los puntos azules son datos crudos. Las líneas continuas (recta en la izquierda, curva en la derecha) son la expresión gráfica del modelo de datos.

3.2.2 Formato del modelo

Por formato entenderemos el conjunto de características técnicas, de forma y de apariencia que permiten distinguir una entidad de otra. Así, según su formato los modelos científicos pueden clasificarse en modelos materiales (también conocidos como modelos físicos) y modelos abstractos.

Un modelo material es una réplica física inexacta (simplificada) del sistema real que representa. A través del uso de los sentidos, un observador espontáneamente establece la semejanza y cierto grado de equivalencia entre el sistema de interés y un modelo material de este. Ejemplos de modelos científicos materiales son un esqueleto humano artificial, un mapa geográfico, una rata de laboratorio. Por el contrario, un modelo abstracto carece de materialidad; se expresa y se comunica mediante el uso de un lenguaje o sistema de signos cuyo cifrado es conocido por las partes. Un modelo abstracto es un modelo formal cuando el lenguaje o sistema de signos empleado en él es preciso y unívoco. Por el contrario, un modelo es informal cuando el lenguaje de su expresión da lugar a diversas lecturas. De acuerdo con el lenguaje o sistema de signos que se utilice para expresar y comunicar un modelo abstracto, estos pueden subclasificarse en:

Modelos verbales o conceptuales: Los modelos de esta clase se distinguen en que la representación del sistema de interés se realiza mediante el lenguaje común, ya sea oral o escrito (Fig. 3.4A). En este caso, el modelo se presenta como un texto y la precisión del lenguaje definirá el grado de formalidad del modelo.

Modelos visuales: En estos modelos la representación del sistema modelizado se realiza mediante diagramas, esquemas u otros recursos gráficos que ofrecen diversos niveles de formalidad (Fig. 3.4B). Entre los formatos más utilizados para modelos gráficos de sistemas están los diagramas de flujo, los mapas conceptuales, los mapas mentales, los diagramas de Forrester, los diagramas de ciclos causales y otros diferentes tipos de grafos. Aquí se enfatiza la utilización de grafos, por su elevado grado de formalidad y flexibilidad (ver Sección 3.3).

Modelos matemáticos: Los modelos abstractos de este tipo se distinguen porque emplean un lenguaje matemático para su presentación (Fig. 3.4C). Los modelos matemáticos adoptan comúnmente la forma de sistemas de ecuaciones. Las ecuaciones que constituyen los modelos matemáticos pueden adoptar diferentes supuestos, dando lugar a distintos tipos de ecuaciones. Así, estas pueden ser deterministas o estocásticas, en tiempo continuo o tiempo discreto, autónomas o no-autónomas, con retardo o sin retardo, etc. Los modelos matemáticos sin duda son un instrumento científico muy relevante en todas las disciplinas del conocimiento. Sin embargo, su uso requiere del manejo de habilidades matemáticas que no son adquiridas fácilmente.

A   B   C

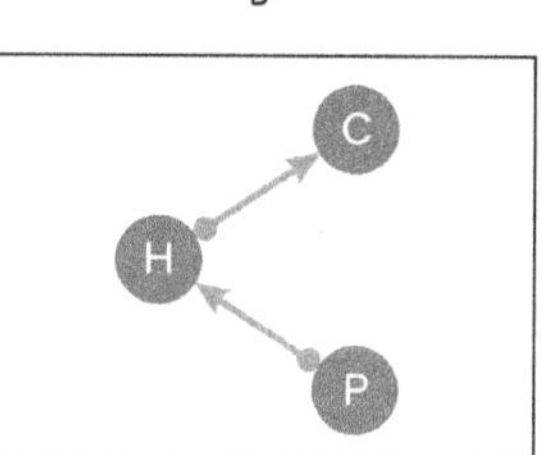

$$\frac{dP}{dt} = rP\left(1 - \frac{P}{K}\right) - \alpha PH$$

$$\frac{dH}{dt} = h\alpha PH - \beta HC$$

$$\frac{dC}{dt} = i\beta HC - \gamma C$$

Figura 3.4: Tres formatos alternativos de modelos abstractos para un mismo sistema. A: modelo verbal. B: modelo matemático. C: modelo gráfico.

3.2.3 Resolución

Desde hace décadas los modelizadores han hecho notar que existe un espectro amplio respecto del nivel de detalle —e.g. resolución— que un modelo puede o debe incluir. De hecho, para un mismo sistema de interés, pueden construirse modelos con el mismo formato, pero con marcadas diferencias en cuanto a su resolución. Este problema ha llevado a algunos autores notables a plantear una clasificación de los modelos de acuerdo con esta característica. Richard Levins, en un célebre artículo (Levins, 1966), establece que un modelo no puede, simultáneamente, exhibir un alto grado de realismo, un alto grado de generalidad y un alto grado de precisión. Levins manifiesta su inclinación por modelos que sacrifican el realismo en favor de la generalidad y la precisión. En forma paralela, Crawford S. Holling (1966) —más tarde enfatizado por Robert M. May (1973) y Peter Yodzis (1989)—, propone que los modelos científicos se ubican en un continuo entre los llamados modelos *tácticos* y los modelos *estratégicos*. Los modelos tácticos, a los que John Maynard-Smith (1974) llamó *simulaciones*, corresponden a modelos de elevada resolución, que incluyen un gran nivel de detalle del sistema que representan y pueden, por lo tanto, considerarse imitaciones más fieles de la realidad. Esta fidelidad permitiría utilizar estos modelos como base para generar predicciones acerca de los estados futuros del sistema real de interés. En el extremo opuesto, los modelos estratégicos poseen una menor resolución y son más abstractos, puesto que no preservan más que un mínimo de aspectos del sistema real. Esta clase de modelos, si bien no serían adecuados para formular predicciones acerca de un sistema particular, sí son útiles para generar un entendimiento acerca de una clase relativamente amplia de sistemas. Así, los modelos tácticos suelen tener fines prácticos, mientras que los modelos estratégicos generalmente tienen propósitos teóricos. Muchos científicos tienden a favorecer el trabajo con modelos estratégicos por sobre los tácticos, debido a que los primeros, al ser más simples en estructura (algo, sin embargo, puesto en duda en Evans et al., 2013), permiten un análisis más profundo de sus comportamientos esperados. Algunas de las ventajas más notorias de ambos tipos de modelos se presentan en la Tabla 3.1.

Modelos tácticos	Modelos estratégicos
Fieles a la realidad	Simples
Permiten predicción	Permiten generalización
Útiles para fines prácticos	Permiten análisis
	Elegantes
	Útiles para fines teóricos
	Pocos parámetros a estimar

Tabla 3.1: Ventajas más notorias de los modelos tácticos y de los modelos estratégicos.

Esta dicotomía entre modelos tácticos y estratégicos sugiere claramente que no es posible que un modelo represente fielmente muchos sistemas distintos. A partir de ello, el científico se enfrenta a tener que optar entre dos alternativas a la hora de decidir cómo modelizar el sistema de interés. La primera alternativa es construir un modelo de alta resolución —táctico—, que replique de forma realista y precisa el sistema real específico, pero que resulta inútil como representación de otros sistemas y que, por su complejidad, requiere de gran cantidad de información para analizar su comportamiento. La opción alternativa es construir un modelo de baja resolución —estratégico—, cuya simpleza lo hace entendible, analizable en profundidad, aplicable a una amplia variedad de sistemas, pero que no representa fielmente a ninguno. En la figura 3.5 se muestran tres modelos gráficos con creciente nivel de resolución para representar un sistema de una planta y su insecto polinizador. El modelo en la figura 3.5A es estándar y se ha utilizado por décadas para estudiar los sistemas de polinización y otros sistemas mutualistas (Vandermeer y Boucher, 1978). En la figura 3.5B se muestra un modelo que revela los mecanismos básicos por los cuales ocurre la interacción mutuamente positiva entre plantas y polinizadores (Valdovinos et al., 2013). Por último, el modelo de la figura 3.5C incluye un detalle más fino de la interacción que establecen los insectos con estados larvales que visitan plantas con flores y semillas para consumir la recompensa floral (Ramos-Jiliberto et al., 2018). De estos ejemplos, puede verse que mientras más detalle incluye el modelo, más complejo de comprender se torna, aunque se revelan los mecanismos subyacentes a la interacción.

Mi visión respecto de esta dicotomía es que el conflicto no es cómo modelizar un sistema real dado, sino definir cuál es el sistema real que queremos representar. En particular, cuál es el nivel de abstracción con el que se desea observar el sistema. A modo de ejemplo, puede interesar modelizar: a) la dinámica social de una familia monoparental occidental del siglo XXI, compuesta por una madre y dos hijos. Alternativamente, puede interesar modelizar: b) la familia de Emilia Ramírez y sus hijos Emiliano y Antonia, mientras vivieron en el barrio Almendral de la ciudad de Valparaíso entre 1984 y 1999. En el caso a) por la naturaleza del problema, es decir por la identificación del sistema de interés (una familia cualquiera compuesta por una madre con dos hijos, de algún lugar de occidente en algún momento del siglo presente), el modelo a utilizar sería más estratégico. Por el contrario, en el caso b) se define un sistema muy concreto, compuesto por personas identificadas, en un lugar y momento específicos. Lógicamente, en el último caso el modelo a utilizar será más táctico. Como puede verse, tanto el sistema del caso a) como el del caso b) son reales en algún sentido, pero difieren en que el caso a) es más abstracto que el caso b), más genérico y requiere por ello de un modelo que refleje tal naturaleza.

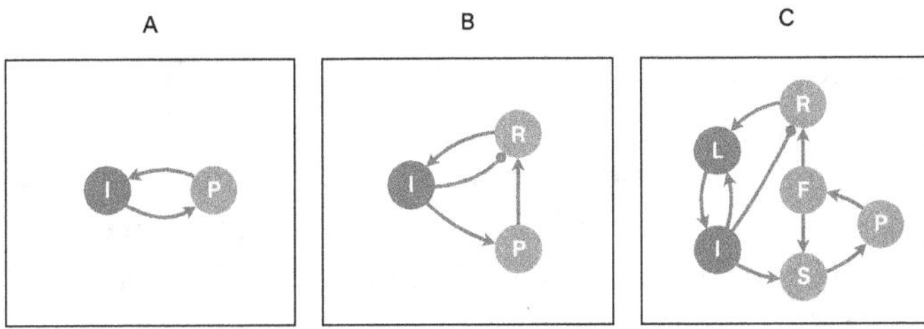

Figura 3.5: Tres modelos gráficos con resolución creciente entre A) y C) para un sistema de una planta y su insecto polinizador. En A) el insecto I favorece a la planta P y viceversa. En B) se agrega al modelo la disponibilidad del recurso floral R, el cual es producido por la planta y consumido por el insecto y es este recurso el que se convierte en nuevos insectos. En C) el modelo tiene una resolución aún mayor. Este incluye las larvas L del insecto, así como las semillas S y las flores F de la planta. En este modelo, las larvas producen insectos adultos I y los adultos, en conjunto con los recursos, producen larvas; las plantas producen flores y estas producen recursos; las semillas, que son producidas por los insectos y flores, generan plantas adultas P. En estos modelos, las variables (círculos) están vinculadas por arcos, que indican influencia positiva cuando terminan en punta e influencia negativa si terminan en círculo.

3.3 Modelos visuales de sistemas: grafos y redes

Los modelos visuales, en forma de diagramas y similares, tienen una gran utilidad para la representación de sistemas: son comprensibles espontáneamente para la mayoría de las personas con un mínimo de entrenamiento técnico. Manifiestan visualmente un vínculo gráfico con la organización de la realidad que los hace especialmente apropiados para su análisis, por medio de la inspección y la manipulación de sus componentes (Hage y Harary, 1983). Esto permite revelar y apreciar la significación de las propiedades estructurales del modelo y, por transferencia, del sistema que representa. Es particularmente relevante la idoneidad de los modelos visuales como instrumentos para proveer explicaciones acerca de un fenómeno u objeto. Cuando se trata de abordar fenómenos complejos, como suele ser el caso en los sistemas naturales, sociales y socioecológicos, esta propiedad de los modelos visuales es muy visible, si se le compara con otros instrumentos de representación y comunicación (e.g. texto, ecuaciones).

La meta última de la ciencia es entregar explicaciones acerca de nuestro universo. Como lo plantea con claridad Edward Tufte (1997) "la explicación está íntimamente relacionada con el diseño de la información" y "aquellos que descubren una explicación son aquellos que construyen su representación", refiriéndose a la representación visual. Más aún, los modelos en general, pero en especial los modelos visuales son en extremo útiles en el proceso de construcción de la explicación y entendimiento del sistema de interés. A menudo, la presentación de un modelo visual acertado, confiere a quien lo exhibe de credibilidad respecto de su entendimiento integrado del sistema y del problema que lo convoca. El mismo Tufte señala al respecto que "la claridad y la excelencia en pensamiento es coincidente con la claridad y la excelencia en exhibir información". De aquí la importancia que debe darse al cultivo de habilidades para la representación de información sobre sistemas, fenómenos y problemas mediante el desarrollo de modelos visuales.

Para ser considerado como tal, un sistema debe constituirse como una unidad, diferenciable de su ambiente, que presenta cierto comportamiento o función, como por ejemplo, la provisión de ciertos bienes o servicios. Un sistema puede representarse o describirse utilizando medios verbales (un texto), matemáticos (un conjunto de ecuaciones) o materiales (una maqueta). Sin embargo, la naturaleza de los sistemas, entendida como una unidad compuesta por componentes interrelacionados, hace que la representación a través de redes sea en general adecuada y conveniente.

Siguiendo a Barabási (2016), una red es un catálogo de los componentes de un sistema o de partes de sistemas y de las interacciones directas entre estos componentes. En lenguaje de redes, los componentes reciben el nombre de elementos o, más técnicamente, vértices, nodos o puntos, mientras que sus interacciones se llaman vínculos, aristas o líneas. A diferencia de un sistema, una red no necesariamente representa una totalidad de algún tipo. Es simplemente un conjunto de elementos y sus relaciones directas.

Un grafo, corresponde a un objeto matemático, formal y abstracto, que comprende un conjunto de vértices y de aristas que conectan los vértices. A diferencia de una red, un grafo no alude a un sistema específico y, por lo tanto, el mismo grafo puede rescatar la estrucura de muchas redes diferentes (Fig.3.6).

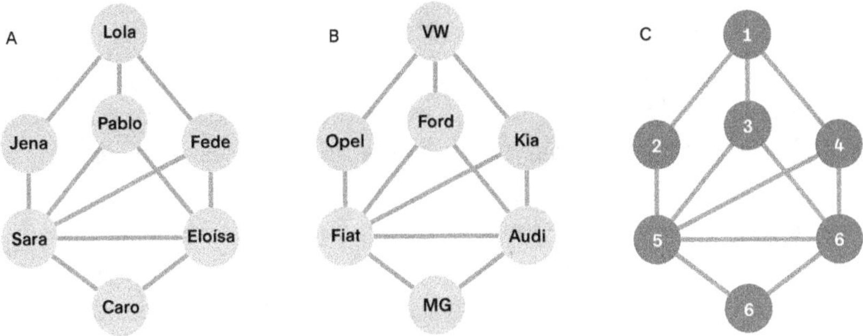

Figura 3.6: En (a) se muestra una red hipotética de amigos dentro de una empresa. En (b) una red hipotética de marcas de automóviles que comparten avisaje en los periódicos de circulación regular. Ambas redes, siendo distintas y representando sistemas distintos, poseen la misma representación de grafo (c).

Las redes son adecuadas para la representación de sistemas, pues evidencian su organización interna y sus eventuales interacciones con otros sistemas. La organización es definida por el patrón de relaciones entre los elementos del sistema. Por otro lado, las redes son representaciones convenientes de los sistemas, puesto que son de fácil comprensión visual en comparación con otras alternativas (e. g. conjuntos de ecuaciones diferenciales) y, muy especialmente, porque el grafo que subyace a una red puede ser analizado en gran detalle, a fin de proveer una visión cuantitativa del patrón de organización de la red y de algunas propiedades relacionales importantes de sus elementos. La teoría de redes es más que el análisis de sus grafos, pues incluye, por ejemplo, el manejo y la visualización de redes. Por otro lado, la teoría de grafos estudia no solo redes, sino cualquier objeto que pueda ser representado por un grafo, incluidos objetos inexistentes en nuestra experiencia.

3.4 Tipos de grafos

Un grafo es un objeto que consiste en dos conjuntos: un conjunto finito y no-vacío de elementos llamados vértices y un conjunto finito de aristas, que consisten en pares de vértices distintos. Es común representar un grafo como un diagrama y aunque a ese diagrama se le suele llamar grafo, en rigor no lo es. Muchos diagramas diferentes pueden ser representaciones de un mismo grafo (Fig. 3.7). En un diagrama de grafo, los vértices suelen representarse por puntos, círculos, esferas, cajas u otra figura simple. Las aristas se representan con líneas que conectan el par de vértices que la definen. A modo de ejemplo, los 6 diagramas de la Fig. 3.7 representan un mismo grafo, cuyo conjunto de vértices es $V = \{a, b, c, d, e, f\}$ y su conjunto de aristas es $A = \{\{a, b\}, \{a, c\}, \{a, f\}, \{b, d\}, \{c, d\}, \{c, e\}, \{d, e\}, \{d, f\}, \{e, f\}\}$. Sin embargo, las tres columnas de la Fig. 3.7 (A/D, B/E y C/F) presentan diagramas con diferentes disposiciones espaciales de los vértices. Las filas (A/B/C Y D/E/F), en cambio, muestran diagramas en que los vértices o aristas presentan diferentes atributos. Nótese que los pares de vértices que definen las aristas *no tienen orden*, es decir, $\{a, b\} \equiv \{b, a\}$. Como puede apreciarse, características del diagrama tales como la forma, la posición o el tamaño de los vértices, así como la longitud, el color o el grosor de las aristas, son irrelevantes para la identificación de un grafo, excepto que se especifique otra cosa.

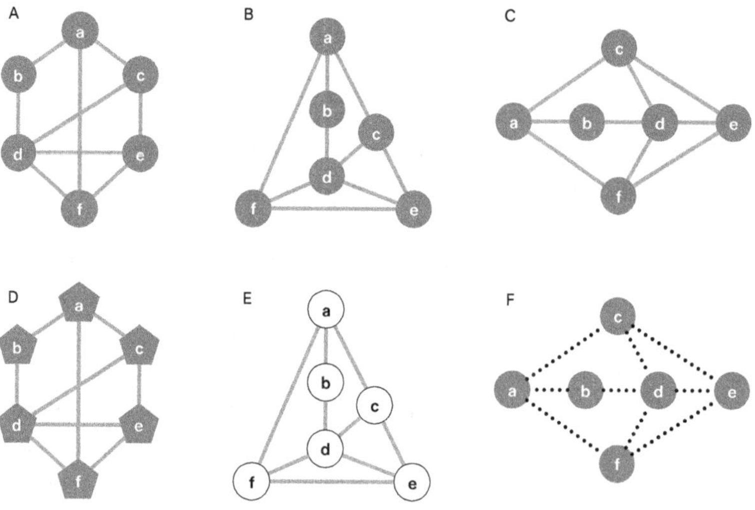

Figura 3.7: Diferentes diagramas de un mismo grafo.

Existen variados tipos de grafos, adecuados a diferentes preguntas, problemas o fenómenos. A continuación describo algunos de los tipos de grafos más usados en los estudios de redes.

Grafo simple: En un grafo simple, los vértices son entidades de un mismo y único tipo, las aristas son de un mismo y único tipo y solamente indican conexión entre dos vértices distintos. No poseen signo, peso ni dirección (ver más adelante).

Grafo dirigido (digrafo): Un grafo dirigido, también llamado digrafo, es aquel en el que sus aristas tienen orientación o dirección definida. Para distinguirlas, a las aristas con dirección se les denomina también arcos. En este texto utilizaré esta convención. Así, en el caso de un arco que nace del vértice x_1 para alcanzar el vértice x_2, a x_1 se le denomina predecesor directo de x_2 y a x_2 sucesor directo de x_1. A diferencia de un grafo no dirigido, en un digrafo las aristas —arcos— corresponden a *pares ordenados* de vértices.

Grafo signado: Los grafos signados en general aplican a grafos dirigidos y son aquellos en que sus arcos llevan un signo (positivo o negativo) explícito. Así, si x_1 es predecesor directo de x_2, a través de un arco negativo, implica que x_1 ejerce una influencia negativa (o inhibitoria) sobre x_2. Puede considerarse a este tipo de grafos como un caso particular de grafos ponderados.

Grafo ponderado: Es aquel grafo en que sus aristas tienen explícito un peso, fuerza, intensidad o tasa de flujo. Así, el peso de una arista denota el grado de influencia del predecesor sobre el sucesor directo, para el caso de grafos dirigidos, o la estrechez de la relación entre dos vértices, para el caso de los grafos no dirigidos.

Grafo conexo/inconexo: Un grafo conexo es aquel en que existe al menos un recorrido entre todos sus pares de nodos. En un grafo, un recorrido es una secuencia de vértices, tal que cada vértice se conecta al siguiente por medio de una arista. En un grafo inconexo existe al menos un par de nodos sin un recorrido que los conecte.

Grafo cíclico/acíclico: Un grafo cíclico contiene al menos un ciclo, mientras que un grafo acíclico carece por completo de estos. En un grafo, un ciclo corresponde a un recorrido en que el vértice de inicio y el vértice final son el mismo vértice y no tiene otros vértices repetidos.

Grafo bipartita/multipartita/unipartita: Un grafo bipartita contiene dos conjuntos de vértices (A y B) y un conjunto de aristas, cada una compuesta por un par de vértices pertenecientes a distintos conjuntos. Es decir, no existen aristas compuestas por dos vértices del conjunto A o por dos vértices del conjunto B. Esta noción es extensible a grafos tripartitas, etc. o más generalmente, grafos multipartitas, en que existen n conjuntos de vértices y aristas compuestas por vértices que pertenecen siempre a distintos conjuntos. Por contrapartida, un grafo unipartita es aquel que posee un único conjunto de vértices y, por eso, las aristas se componen de cualquier par de vértices del grafo.

Hipergrafo: Es un grafo que contiene aristas compuestas por más de 2 vértices.

Multigrafo: Es un grafo en el cual está permitido que pares de vértices estén

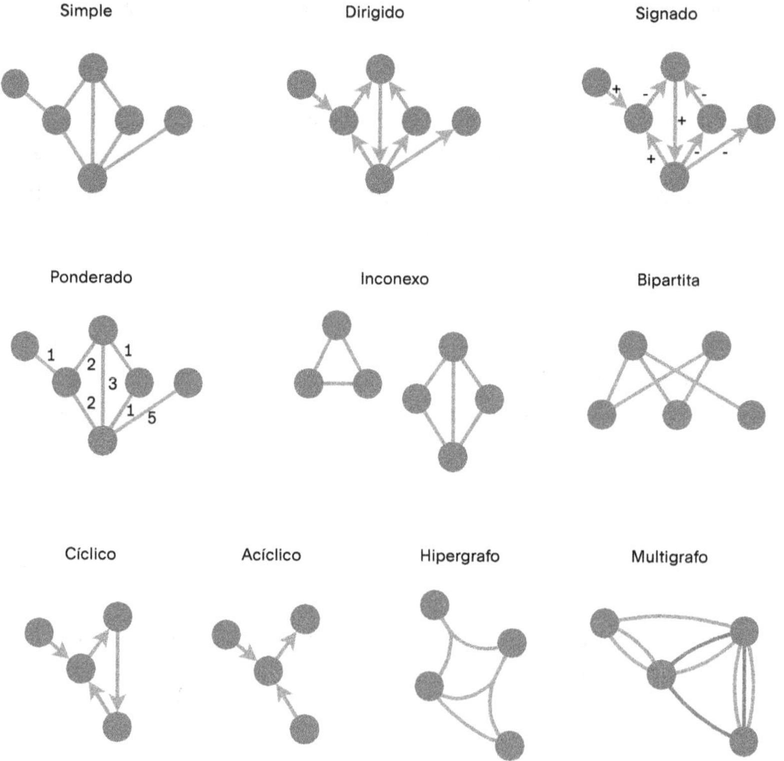

conectados por más de una arista.

Figura 3.8: Principales tipos de grafos utilizados en investigación científica.

3.5 Tipos de redes

Cuando nos enfrentamos a un sistema real y lo representamos por medio de una red, lo que se representa es un conjunto de elementos definidos y sus interrelaciones. Tomemos como ejemplo los sistemas naturales. Una red de polinizadores y plantas es un caso de sistema ecológico que representaremos a través de una red bipartita no dirigida. Un subconjunto de vértices representa a las especies de plantas con flores de una región en un tiempo determinado, un segundo subconjunto de vértices representa a las especies de animales polinizadores (insectos y aves) que visitan las especies de plantas y, por lo tanto, coexisten espacial y temporalmente con ellas. Por último, las aristas conectan a los visitantes animales con sus plantas hospederas. Las aristas tienen un significado específico: representan la realización de visitas efectivas de especies animales a especies de plantas posibilitando el transporte de polen. En esta relación planta-animal ambos participantes se benefician de la interacción, puesto que los animales satisfacen sus requerimientos alimenticios al consumir los recursos florales (néctar y polen, principalmente) de las plantas que visitan y, por otro lado, las plantas ocupan a los animales como transportadores de sus células reproductivas asegurando así su reproducción sexual. Una red de polinización de la región de Chiloé, en el sur de Chile, se muestra en la Fig.3.9.

Un segundo ejemplo de red ecológica, de distinta naturaleza, se muestra en la Fig. 3.10. Aquí representamos como una red el sistema hídrico de la cuenca del río Aconcagua, en la región de Valparaíso, Chile, a través de un grafo acíclico dirigido. A cierto nivel de resolución cartográfica, se identificaron los ríos (tramos entre confluencias de aguas) que ocupan la cuenca hidrográfica y se representaron como vértices de la red. Los arcos que conectan los ríos representan las confluencias hidrogeográficas de las aguas de los ríos correspondientes, que fluyen en la dirección señalada por los arcos.

Tomemos ahora un último ejemplo de red, también del ámbito ecológico. En la figura 3.11 se presenta una red ecológica en forma de grafo dirigido. En este caso, los vértices corresponden a grupos de especies con un rol ecológico similar; CAR: peces carnívoros, OMN: peces omnívoros, DEP: animales invertebrados depredadores, FRA: animales invertebrados fragmentadores de materia orgánica, RAM: animales invertebrados ramoneadores, FIL: animales invertebrados filtradores, REC: animales invertebrados recolectores, DIA: microalgas (diatomeas), MAC: plantas acuáticas (macrófitas). Los arcos representan flujos de materia y energía que se transmite por relaciones alimentarias. Es decir, las especies representadas por el vértice predecesor es alimento de las

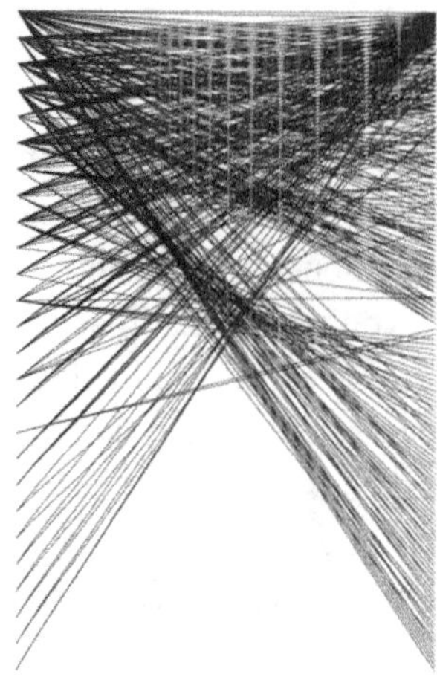

especies sucesoras directas.

Figura 3.9: Red ecológica de polinización del bosque fluvial de Chiloé en la temporada 2000-2001. A la izquierda se sitúan las 26 especies de plantas y a la derecha las 128 especies de polinizadores registradas en los estudios. En total, se registraron 311 interacciones de polinización representadas como aristas de la red (ver

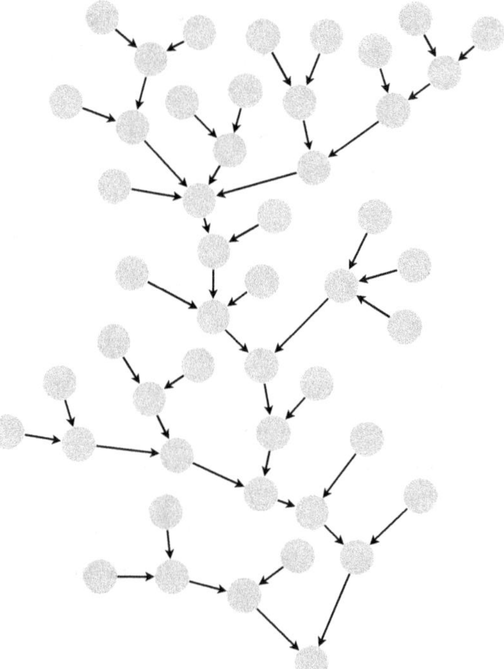

estudio completo en Ramos-Jiliberto et al., 2009).

Figura 3.10: Red hídrica de la cuenca del río Aconcagua, Chile. Los vértices representan ríos (tramos hídricos) y los arcos las confluencias entre ríos. La dirección de los arcos corresponde a la dirección del flujo natural de agua. Los ríos nacientes de la cordillera de Los Andes se ubican

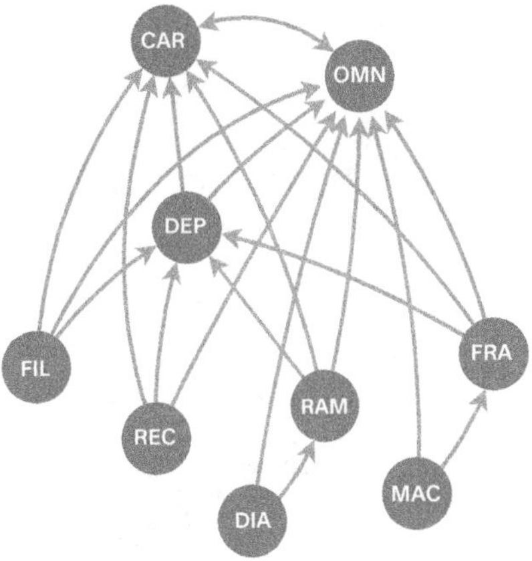

en la parte superior del grafo, mientras que la unión del río Aconcagua con el océano Pacífico se encuentra en la parte inferior.

Figura 3.11: Red alimentaria del ecosistema acuático del río Limarí (Chile). Modificado de Palma et al. (2013).

La mayoría de los sistemas complejos, incluidos los sistemas vivos, se representan adecuadamente como redes. Esto radica en que los sistemas de interés natural y social y, en realidad todos los sistemas por definición, están focalizados en el patrón de relaciones entre componentes, lo que de modo natural, amigable y directo se logra mediante la representación con redes y grafos. A esto se suma la gran cantidad de elementos de los sistemas naturales y socioecológicos y el intrincado patrón de distribución de las aristas, lo que descarta cualquier forma de representación alternativa a las redes que se conozca en la actualidad.

Como puede apreciarse desde los ejemplos anteriores, el tipo de grafo que se utilice para la red de interés dependerá no solo de la naturaleza del sistema definido, sino también del tipo de preguntas que se intente resolver y de la calidad de la información de que se disponga. Por ejemplo, sería muy conveniente obtener representaciones en forma de grafos dirigidos ponderados para los sistemas ecológicos de todo tipo. Sin embargo, la información requerida para asignar pesos a los arcos es extremadamente difícil de obtener para redes de tamaño normal. Por ello, es posible que no se cuente con esa información cuantitativa, pero sí se pueda saber el signo de las relaciones entre las especies. En tal caso será adecuado usar un digrafo signado. Si el signo y orientación de los arcos son irrelevantes, o bien, no son accesibles, podemos utilizar un grafo simple.

Capítulo 4

¿Cómo hacer un modelo de sistema?

4.1 El arte de modelizar

Al proceso de construir un modelo lo denominamos modelización. Modelizar no es solo una actividad técnica. Modelizar tiene mucho de subjetivo, mucho de creativo y descansa en la actitud, la experiencia y el oficio del artífice, además de su conocimiento específico. Por ello, modelizar es más un arte que una ciencia (Getz, 1998). Habrá quienes vean en esto una debilidad, pero para mí es lo más estimulante de esta actividad intelectual.

Ya que el modelo es una representación *simplificada* del sistema real de interés, el modelizador debe decidir qué elementos de la realidad percibida se incluirán y qué otros se descartarán. Puesto que desconocemos la totalidad de un fenómeno real, lo anterior se reduce a seleccionar de entre el universo de propiedades y aspectos conocidos del sistema real, aquellos que serán incluidos en el modelo por considerarse estrictamente necesarios y suficientes para el objetivo específico de modelización. De cualquier modo, el llevar a cabo dicha selección de elementos requiere de un nivel apropiado de conocimientos acerca del sistema bajo estudio, así como del oficio de modelizador. De ello se desprende que la construcción de un modelo de un sistema real es análoga al acto de un escultor. Este arte, ha sido descrito en forma notable por Giorgio Vasari (Fig. 4.1), uno de los más grandes teóricos del arte renacentista: "La escultura es un arte que, al eliminar lo superfluo del material, lo reduce a la forma en que se dibuja en la mente del artista." (Introducción a las tres artes del diseño: arquitectura, escultura y pintura, Capítulo 1 de la sección "De la escultura", Vasari, 1550, traducción del autor). Es evidente que la tarea primaria del modelizador es quitar lo "superfluo" de la realidad percibida (desde la perspectiva del uso específico del modelo) para conformar un modelo de esta, coherente con su conceptualización.

Figura 4.1: Imagen de Giorgio Vasari (Arezzo, 1512; Florencia, 1574), pintor y arquitecto italiano, célebre por su obra teórica *Le vite de' più eccellenti pittori, scultori, ed architettori*. Florencia, 1550.

La estructura del modelo resultante del proceso de modelización depende principalmente de tres factores: a) el sistema real que se desea modelizar, b) los propósitos para los cuales se genera el modelo y c) el modelizador, que actúa como observador del sistema real y como artífice de un instrumento que debe responder a propósitos definidos (ver Fig. 4.2). Así, de un mismo sistema real pueden obtenerse modelos distintos si los propósitos también lo son. Además, para un mismo sistema real y los mismos propósitos pueden obtenerse modelos distintos si los modelizadores son diferentes. Modelizar es un acto subjetivo. Puede hacerse la analogía entre el modelizador y un intérprete (i.e. intermediario). El modelizador realiza una vinculación personal entre la realidad, tal como este la percibe y el usuario, a través de una nueva forma de manifestación: el modelo que construye. De modo similar, un actor o músico interpreta a su manera, con sus sellos y limitaciones, una obra escrita en un texto o partitura. En consecuencia, conducir un proyecto de modelización de un sistema requiere, por parte de quienes lo realizan, de cierto conocimiento, habilidades y actitud. En primer lugar, se requieren conocimientos previos acerca del sistema que se desea modelizar, puesto que es necesario comprender el contexto, la operación, la apreciación social y la organización básica del sistema de interés. También, para poder modelizar un sistema se requieren habilidades de análisis para identificar los elementos relevantes que se deben incluir en el modelo, habilidades de síntesis para la construcción conceptual integrada del modelo de sistema y habilidades de uso del lenguaje y códigos para su formalización. Estas habilidades se adquieren a través de la educación y la praxis. Finalmente, se necesita desarrollar actitudes para llevar a buen término un proceso de modelización. Entre ellas, la propensión a visualizar en forma holística y contextual los fenómenos, procesos y problemas de interés. También el minimalismo para representar la complejidad de una estructura, a fin de evitar incluir elementos innecesarios. Por último, apertura de mente frente a las recomendaciones de terceros, para trabajar colectivamente en las diferentes etapas de la construcción de un modelo y su validación.

En el trabajo con modelos de sistemas aparecen dos momentos en los cuales se obtienen dividendos intelectuales significativos: en la etapa de modelización misma y en la etapa de análisis del modelo construido. Respecto del primer momento es interesante notar que la modelización constituye un sofisticado ejercicio de *síntesis*. A través de este proceso se obtiene una propuesta elaborada de los elementos y relaciones fundamentales que definen al sistema de interés. Al mismo tiempo, se revelan los canales de vinculación del sistema con su entorno y, muy importante, se identifican brechas de conocimiento del sistema de interés, que orientan la jerarquización de proyectos posteriores. Con todo, el modelo obtenido a través de la modelización sirve como una *descripción esencial* del sistema real, por lo que se atribuye al modelo una gran efectividad como instrumento de comunicación. De aquí, que el proceso de construcción de un modelo constituye una operación altamente provechosa, tanto para generar nuevo conocimiento del sistema de interés, como para incrementar nuestras capacidades de comprensión y explicación de nuestro entorno. La otra fuente de información y entendimiento a partir del trabajo con modelos de sistemas, el segundo momento, proviene del *análisis* del modelo, materia del capítulo 5 de este libro.

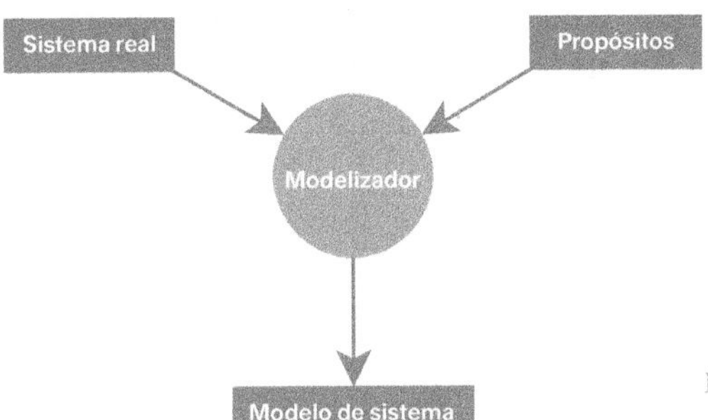

Figura 4.2: Esquema del proceso de modelización de sistemas.

4.1.1 Equipo de trabajo

Como ya se ha dicho, la subjetividad inherente al arte de la modelización hace que puedan existir muchos modelos alternativos para el mismo sistema de interés. Esto hace que sea vital la conformación de un equipo apropiado, multidisciplinar, que lleve a cabo la modelización de manera rigurosa, pero creativa y transparente en sus procedimientos. Con este fin, es aconsejable que el equipo reúna, a través de la interacción de sus miembros, los siguientes requisitos básicos: 1) Competencia técnica (conocimientos y práctica) en el uso de las herramientas de modelización. 2) Conocimientos sólidos acerca del sistema de estudio. 3) Competencia en la comunicación de modelos a un público no-especialista. 4) Capacidades para la comunicación fluida entre los miembros del equipo, es decir, se deben comprender en sus respectivos lenguajes y visiones.

Cuando tratamos con modelos de sistemas complejos reales, a menudo el sistema de estudio abarca varias disciplinas específicas. Tomemos como ejemplo un sistema focalizado en un río sometido a contaminación difusa desde cultivos agrícolas contiguos. El conocimiento acabado del sistema requiere del complemento entre saberes en las áreas de hidrología (estudio de los movimientos de las aguas), química (estudio de las propiedades de la materia, en este caso de los contaminantes), limnología (el estudio de las características físicas, químicas y biológicas de los cuerpos de agua dulce, como ríos, arroyos, lagos y lagunas), geografía (el estudio de las características físicas de la tierra y las influencias sobre ella de las actividades humanas), ecología (estudio de las interacciones entre organismos y su ambiente) y agronomía (estudio del manejo de la tierra y la producción de cultivos en ella). Los equipos de trabajo deben tener la amplitud disciplinaria mínima suficiente para copar las áreas del saber implicadas en el sistema de interés y en la problemática que motiva el estudio. También es apropiado que el equipo cuente con integrantes capacitados en las técnicas de validación que se llevarán a cabo (ver Sección 4.3) y las acciones de comunicación a la sociedad que se planifiquen. El equipo de modelización, una vez conformado, deberá emprender las siguientes tareas:

1 Explicitar los propósitos y usos del modelo a construir.
2 Reunir y filtrar la información relevante en el marco del sistema focal y de los propósitos de la modelización. Esta información servirá de base conceptual para la modelización en sus primeras fases.
3 Colectar y analizar, si hay disponibles, otros modelos de sistemas o problemáticas similares, para integrarlos a la base conceptual en la nueva modelización.
4 Planificar y realizar una carta Gantt con las actividades e hitos del proyecto de modelización, y asignar las tareas pertinentes a los miembros del equipo.
5 Desarrollar la construcción del modelo de sistema.
6 Conducir la validación del modelo de sistema.

En lo que sigue de este capítulo, abordaré las tareas de construcción y validación del modelo de sistema.

4.2 Construcción de modelos usando digrafos signados

Para la construcción del modelo de nuestro sistema de interés, es una práctica eficiente comenzar, como una primera fase, definiendo lo que llamaremos el *núcleo* del sistema modelo, el cual está constituido por aquellos pocos elementos considerados esenciales y centrales en nuestro fenómeno o estructura de interés y sus interrelaciones. Como segunda etapa, expandimos el núcleo del modelo incluyendo progresivamente los elementos considerados esenciales al modelo, pero periféricos al núcleo. En una tercera fase, consideramos la posibilidad de eliminar elementos innecesarios.

4.2.1 Primera fase: ensamblaje del núcleo del modelo

Identificación de variables nucleares

El equipo de modelización parte por identificar y definir los elementos centrales del fenómeno o problema. Este conjunto de elementos actuará como inóculo, al cual se integrará el resto de los elementos. A modo de ejemplo, y con el objeto de ilustrar los diferentes pasos en el procedimiento de modelización, en la Fig. 4.3 se presentan cuatro elementos que asumimos deben ser incluidos en el núcleo de un modelo que deberá representar un sistema socioecológico rural donde a la explotación agrícola de la tierra como actividad tradicional, se agrega una incipiente actividad de ecoturismo. El vertido de contaminantes y el estado de los sistemas acuáticos son variables clave del sistema.

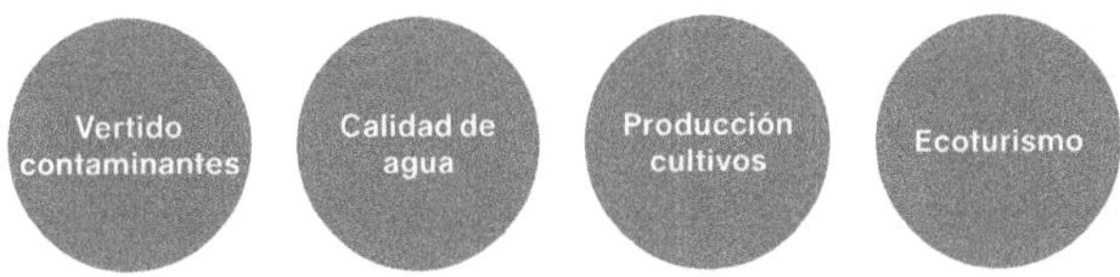

Figura 4.3: Fase inicial en el proceso de modelización de un sistema: identificación de las variables nucleares.

Es importante reconocer en todo momento que el proceso de elección de elementos del modelo de sistema es un acto profundamente humano basado en decisiones, para las cuales no se tiene información completa. Entonces, para desarrollar un modelo útil este debe ser considerado válido y, para ello, es condición necesaria que el proceso de construcción sea transparente y sólido en sus fundamentos. Esto puede lograrse mediante el respaldo de expertos reconocidos en el área de interés o bien con el respaldo de evidencia publicada, o bien a través de procesos participativos de actores-clave. A medida que se identifican los elementos nucleares del modelo, deben cuidarse los aspectos formales, que se presentan en este capítulo, para que los elementos sean válidos como tales en el marco de un modelo de sistema basado en digrafos signados. El requisito técnico fundamental es que cada elemento debe ser declarado como una *variable cuantitativa continua*. Por *variable* se entiende que el elemento debe estar declarado como una característica o propiedad medible, cuyo valor puede cambiar en diferentes momentos o situaciones. Esta variable debe ser de tipo *cuantitativo*, es decir, adoptar valores numéricos. Por último, debe ser *continua*, lo que significa que puede asumir una cantidad infinita de valores dentro de un intervalo. Típicamente, las variables cuantitativas continuas representan cantidades, masas, tiempos, velocidades, etc. A modo de ejemplo para reforzar este punto, elementos declarados como "gobierno", "opinión pública", "medio ambiente", "delincuencia", etc., no son elementos válidos para un modelo formal de sistema, pues no son variables cuantitativas continuas. Elementos válidos son, por ejemplo, "duración del periodo presidencial", "cantidad de menciones en la prensa", "volumen de emisiones contaminantes", "número de delitos", etc. Estos términos denotan variables, ya que pueden medirse y tienen un valor numérico continuo que puede aumentar o disminuir en determinadas circunstancias.

En su representación gráfica, cada elemento del modelo de sistema corresponde a un *vértice* (o *nodo*) del digrafo en construcción y se muestra comúnmente como una figura geométrica simple (e.g. un círculo) y opcionalmente con un rótulo asociado (e.g. un número, letra o nombre).

Determinación de interrelaciones

Una vez definido —al menos provisoriamente— el conjunto de elementos nucleares del modelo, debe procederse al establecimiento de las interrelaciones entre dichos elementos. El tipo de relaciones que debe establecerse entre los elementos es de *influencia causal directa* y debe designarse si esta influencia es positiva o negativa. El elemento x ejerce una influencia causal directa sobre el elemento y, si es que un cambio en el valor de x determina un cambio en el valor de y, esto es, cuando un cambio en el estado de x se transmite a y, el cual cambia su estado como consecuencia (Fig. 4.4). La influencia será positiva si un cambio en el valor de x genera un cambio del mismo signo en el valor de y. En otras palabras, si un aumento en x determina un aumento en y y una disminución en x determina una disminución en y, entonces la influencia de x sobre y es positiva y se grafica con un arco terminado en punta $x \rightarrow y$. Contrariamente, la influencia será negativa si un cambio en el valor de x genera un cambio de signo opuesto en el valor de y. Es decir, si un aumento en x determina una disminución en y y una disminución en x determina un aumento en y. Influencias negativas se grafican con un arco terminado en círculo, en este caso $x \multimap y$ (Fig. 4.5).

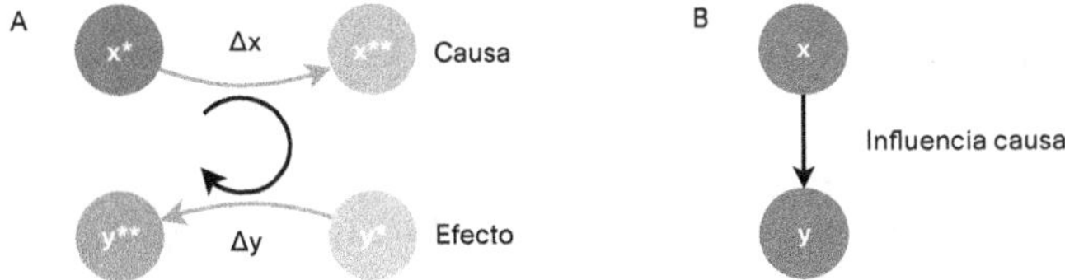

Figura 4.4: Un cambio en el estado del elemento *x*, desde el nivel *x'* (azul) al nivel *x''* (celeste), genera directamente un cambio en el estado de *y*, desde *y'* (verde claro) hacia *y''* (verde oscuro). En otras palabras, *x* ejerce una influencia causal directa sobre *y*, ya que transmite un cambio de estado.

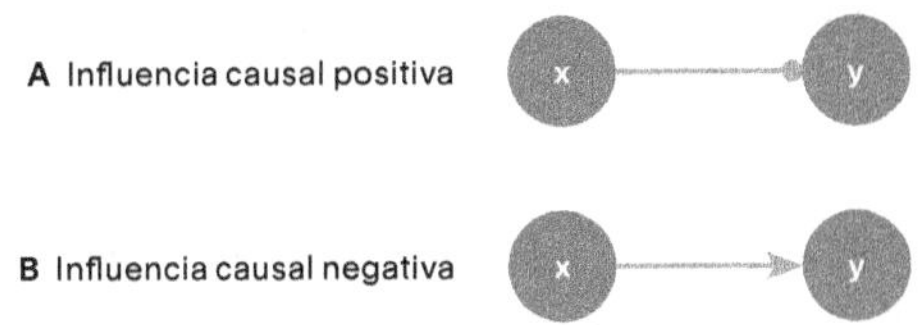

Figura 4.5: Representación gráfica de influencias positivas A y negativas B entre elementos (*x, y*) de un sistema. Nótese que los arcos que conectan los elementos *x* e *y* tienen *dirección* (*x* influye en *y*) y signo (positivo o negativo).

Es común que entre dos elementos de un sistema modelo existan influencias mutuas. Por ejemplo, entre una población de abejas polinizadoras y la población de plantas que visita se produce una interrelación mutua positiva (lo que se denomina una relación mutualista). Es común encontrar relaciones mutuas positivas entre dos elementos, los que se refuerzan recíprocamente, como en el caso del número de comensales en un restaurante y el grado de interés del público por ingresar. En estos casos, los elementos *x* e *y* exhiben una relación que se expresa visualmente como x ↔ y. También es recurrente encontrar interrelaciones mutuamente negativas, como puede ocurrir entre dos especies biológicas o entre dos compañías que compiten por un recurso que ambos requieren y que es escaso. Así, el crecimiento en abundancia de una de las especies —y consecuentemente de su ritmo de consumo del recurso— afectará negativamente el crecimiento de la otra especie. De modo análogo, el crecimiento y consecuente monopolización del recurso —por ejemplo, materia prima o personal calificado— por parte de una compañía afectará adversamente a la compañía competidora. En estos casos en que los elementos *x* e *y* establecen entre sí influencias recíprocamente negativas, la interrelación se presenta visualmente como x ⊸ y. Por último, entre dos elementos de un sistema modelo pueden establecerse relaciones altamente asimétricas, de signos opuestos. Por ejemplo, una especie que se alimenta de otra, como lechuzas y ratones. Si la abundancia de la especie lechuza la designamos como x y la abundancia de la especie ratón la designamos como y, entonces se cumple x ↔ y. En este caso, una mayor abundancia de lechuzas (mayor nivel de x) resulta en una mayor caza de ratones y, por ende, en una menor abundancia de estos (nivel de y). De ahí la relación componente x → y. Por otro lado, un aumento en la abundancia de presas (nivel de y) conlleva una proliferación de lechuzas (nivel de x) y, por lo tanto, se cumple el componente x ← y. Al superponer ambos componentes de la interacción, se recupera la notación resumida x ↔ y.

Linealidad vs. no-linealidad de interrelaciones y descripción contingente del sistema

Se dice que la relación entre dos variables, digamos x e y, es lineal cuando el efecto (cambio en la variable receptora y) es proporcional a la causa (cambio en la variable x). Esta relación puede expresarse mediante una ecuación del tipo

$$y = k_1 + k_2 \cdot x \tag{4.1}$$

en que k_1 y k_2 son constantes. Nótese que esta relación lineal es válida no importa cuan grande o pequeño sea el cambio en la variable causante x. Para evaluar cómo cambia y en función de eventuales cambios —pequeños o grandes— en nivel de x, supongamos que el valor de la variable y es $y^{\cdot}$ cuando la variable x vale $x^{\cdot}$ (Fig. 4.4). Luego, la variable x cambia de estado desde $x^{\cdot}$ a $x^{\cdot\cdot}$, lo cual genera un cambio de y desde $y^{\cdot}$ a $y^{\cdot\cdot}$ (Fig. 4.4). Aplicando la ecuación (4.1) tenemos que:

$$y^{\cdot} = k_1 + k_2 \cdot x^{\cdot}$$
$$y^{\cdot\cdot} = k_1 + k_2 \cdot x^{\cdot\cdot}$$

y el cambio $\Delta y = y^{\cdot\cdot} - y^{\cdot}$ es:

$$\Delta y = k_1 + k_2 \cdot x^{\cdot\cdot} - k_1 - k_2 \cdot x^{\cdot}$$
$$= k_2 (x^{\cdot\cdot} - x^{\cdot})$$
$$= k_2 \cdot \Delta x$$

con $\Delta x = x^{\cdot\cdot} - x^{\cdot}$. Por lo tanto, el cambio en el nivel de y, como función de un cambio eventual en x, queda expresado simplemente como:

$$\frac{\Delta y}{\Delta x} = k_2 \qquad\qquad (4.2)$$

Si esta relación lineal expresada en la ecuación (4.1) es válida para pequeños cambios en x, por extensión lo será también para grandes cambios, pero no viceversa. Entonces, para cambios muy pequeños, la ecuación (4.2) se expresa como:

$$\frac{\partial y}{\partial x} = k_2 \qquad\qquad (4.3)$$

y se obtiene diferenciando la ecuación (4.1). Si k_2 es un número positivo, implica que la influencia causal del elemento x hacia el elemento y del sistema es positiva, es decir $x \rightarrow y$. De lo contrario, si k_2 es negativo, esto implica que la influencia causal del elemento x hacia el elemento y del sistema es negativa y se representa $x \rightarrow\!\bullet\, y$. Sin embargo, la linealidad de las relaciones entre elementos de sistemas complejos relacionados con la sociedad y la naturaleza es, hasta donde conocemos, la excepción más que la regla. No obstante, esto no representa una gran dificultad para la técnica de modelización de sistemas que presento aquí. La relación existente entre dos elementos x e y puede ser: a) lineal, si la razón entre el cambio de ambas variables $\partial y/\partial x$ es constante, como en la ecuación (4.3) (Fig. 4.6 A-D), b) monótona, si $\partial y/\partial x$ tiene un único signo (Fig. 4.6 A-F), c) creciente si $\partial y/\partial x$ es positiva (Fig. 4.6 A-C), d) decreciente si $\partial y/\partial x$ es negativa (Fig. 4.6 D-F), o e) no-monótona, si $\partial y/\partial x$ cambia de signo (Fig. 4.6 G-I).

Mediante la técnica de digrafos signados, las influencias entre elementos de un sistema se designan *cualitativamente*, es decir, solo interesa su dirección (cuál elemento determina a cuál) y su signo (positivo, negativo o nulo). Por lo tanto, cuando los elementos interactuantes establecen una relación creciente (ya sea lineal o no-lineal), se define una influencia causal positiva entre ellos. Esto significa que el aumento en el valor de una variable determina un aumento en el valor de la variable acompañante, a la vez que una disminución en el valor de una variable determina una disminución en el valor de la otra. Por el contrario, cuando los elementos interactuantes establecen una relación decreciente (lineal o no-lineal), se define una influencia causal negativa. Esto significa que el aumento en el valor de una variable determina una disminución en el valor de la variable acompañante, a la vez que una disminución en el valor de una variable determina un aumento en el valor de la otra. El problema mayor se suscita al definir el signo de la influencia entre las variables cuando estas establecen una relación fuertemente no-lineal, al punto de ser no-monótona (Fig.

4.6 G-I). Por ejemplo, en la Fig. 4.6 G la relación entre las variables x e y es positiva para un rango de valores de x, aproximadamente entre 0 y 40. Por el contrario, para el rango de valores de x entre 50 y 100, la relación se torna negativa. Entonces, podemos sostener que cuando x adopta valores bajos ejerce una influencia causal positiva sobre y (i.e. $x \rightarrow y$), pero cuando x adopta valores altos ejerce una influencia negativa ($x \rightarrow\hspace{-6pt}\bullet\; y$). Algo similar ocurre en la relación mostrada en la Fig. 4.6 H, donde a valores bajos de x la influencia es del tipo $x \rightarrow\hspace{-6pt}\bullet\; y$, mientras que a valores altos de x sucede x $\rightarrow$ y. Algo más ambiguo ocurre con la relación de la Fig. 4.6 I. Aquí, a valores bajos de x ($x < 0$) ocurre $x \rightarrow y$, a valores intermedios de x ($0 < x < 2$) ocurre $x \rightarrow\hspace{-6pt}\bullet\; y$ y para valores de $x > 2$ ocurre nuevamente $x \rightarrow y$. Entonces, ¿cuál es el signo de la relación entre x e y que debemos asumir en nuestro modelo cuando la evidencia nos muestra que dicha relación es no-monótona, como en los casos de la Fig. 4.6? La respuesta es: depende del valor de x en el cual realicemos la descripción y representación del sistema. En otras palabras, nuestra representación (modelo) es contingente y su validez se restringe a la vecindad cercana al valor de x que se tome como base. Para relaciones monótonas, obtendremos sin ambigüedad un único signo para la descripción cualitativa de la influencia entre dichas variables. Por el contrario, para relaciones no-monótonas obtendremos *varias* descripciones cualitativas alternativas. Todas ellas son válidas en un determinado contexto y, en principio, nos puede interesar tomar cualquiera de ellas *para la descripción de una interacción particular* entre elementos del sistema.

Sin embargo, cuando dentro del sistema que estamos modelizando se encuentran varios elementos con relaciones no-monótonas entre ellos, las diversas elecciones sobre cuál descripción cualitativa asumir para cada relación entre elementos deben ser compatibles entre ellas. Lo que esto significa es que en un instante dado t^{*}, cada una de las variables x_i con $i = 1, 2, ..., n$ que caracterizan los n elementos del sistema tienen un único valor x_i^{*}. Para cada valor de los elementos se podrá entonces definir el signo de sus influencias sobre los otros elementos. Esta estructura definida para el sistema es válida para el tiempo t^{*} y mientras se mantengan los valores x_i^{*} de sus elementos. Pero, si los elementos del sistema están continuamente variando sus niveles y las relaciones de influencia entre estos elementos son fuertemente no-lineales (no-monótonas), entonces en cada instante de tiempo el sistema podrá adoptar una nueva estructura, contingente al estado del sistema —definido por los valores de sus elementos— y la forma de sus interrelaciones. En otras palabras, en tales circunstancias deberemos tener un modelo —contingente— para cada instante de tiempo. Tal abordaje para modelizar un sistema puede ser correcto, pero no es muy útil, pues una larga secuencia de modelos diferentes para un único sistema se aleja de los fines del modelo: ser una representación *simplificada* del sistema real para ganar conocimiento de este mediante su análisis.

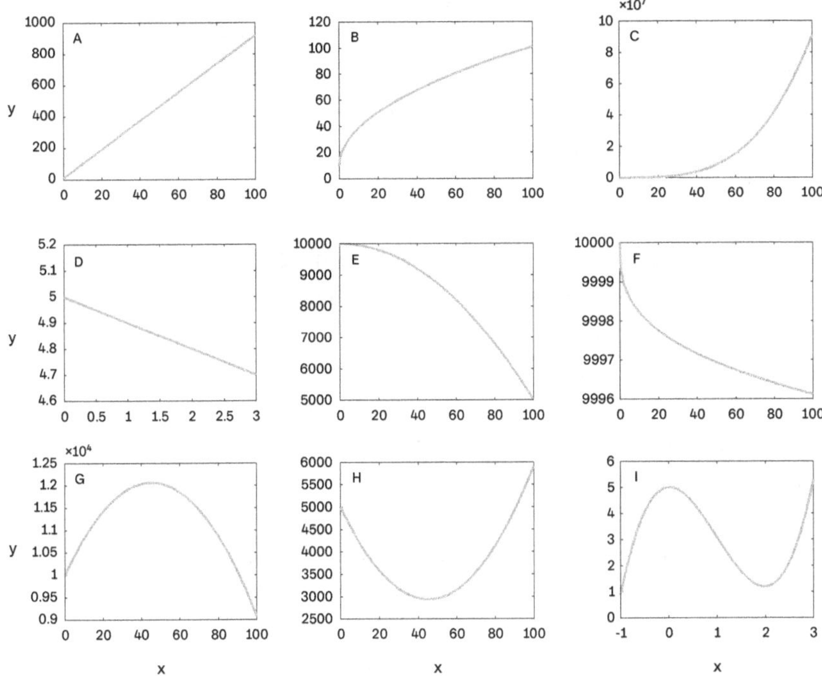

Figura 4.6: Relaciones entre variables (x e y). Relaciones lineales (A y D) y relaciones nolineales (todo el resto). Relaciones monótonas (A-F), las cuales pueden ser crecientes (A-C) o decrecientes (D-F), y relaciones no-monótonas (G-I).

Una solución interesante es modelizar el sistema cuando este se encuentra en equilibrio. Es decir, cuando sus elementos han logrado un balance entre ellos que mantiene sus niveles aproximadamente constantes a través del tiempo. En tal estado, el sistema exhibe un conjunto único de valores x_i de sus elementos y, por lo tanto, una estructura única de influencias cualitativas entre sus elementos. Aunque el modelo sigue siendo contingente a este estado, el hecho de que esté en equilibrio nos lleva a presumir que tal estado es perdurable y, por lo mismo, que caracteriza bien al menos una etapa de la evolución del sistema. Es cierto que el supuesto de que el sistema se encuentra en equilibro puede ser una idealización. No obstante, la ciencia ha demostrado la utilidad de tales idealizaciones. Es decir, podemos asumir que aunque el sistema modelizado no se encuentre rigurosamente en equilibrio, sino aproximadamente cerca de un equilibrio, una representación de equilibrio es apropiada y útil, y su análisis arrojará resultados verosímiles para una ventana temporal no demasiado extensa.

Catalizadores e inhibidores de influencias

En el proceso de establecer las relaciones de influencia entre los elementos del sistema, es común notar el rol de ciertas variables como contexto, generando un efecto, ya sea sinérgico o inhibitorio, sobre otras relaciones entre los elementos. Por ejemplo, podría establecerse que un aumento en la publicidad comercial estimula el impulso de consumo de manera excesiva, promoviendo conductas de hurto o robo en cierta proporción de la población. En este ejemplo hipotético, la variable "desigualdad social" actúa como catalizador de la relación directa entre "publicidad comercial" e "impulso al robo", como se representa en la Fig. 4.7A. Es decir, en situación de una marcada desigualdad social, la publicidad comercial promueve el impulso al robo, mientras que en situación de nula o baja desigualdad social, la publicidad no tiene tal efecto. Sin embargo, la representación de un sistema en el lenguaje de digrafos signados permite establecer relaciones entre un elemento y otro, y no entre un elemento y una relación de influencia. Por ello, en la Fig. 4.7B se muestra una representación formalmente correcta del caso recién descrito. Aquí, la influencia positiva entre el nivel de desigualdad social y la relación entre publicidad e impulso al robo se expresa como una influencia positiva de la desigualdad sobre el impulso al robo, revelando un efecto o bien aditivo o bien sinérgico entre desigualdad y publicidad sobre el impulso al robo. Como segundo ejemplo, en la Fig. 4.7C se muestra que la demanda (requerimiento) de energía puede promover el sobreconsumo de energía cuando el precio de la misma es bajo. En otras palabras, el incremento en el precio de la energía inhibe el sobreconsumo derivado de la demanda. Este efecto inhibitorio del precio sobre la relación entre demanda y sobreconsumo se expresa correctamente en la Fig. 4.7D como una influencia negativa entre el precio de la energía y su sobreconsumo. Como un tercer ejemplo, en la Fig. 4.7E se muestra una interacción ecológica entre un depredador y su presa. El depredador ejerce una influencia negativa sobre su presa (la mata), mientras la presa ejerce una influencia positiva sobre su depredador (lo alimenta). Sin embargo, cuando la vegetación del entorno en el que se desarrolla esta interacción aumenta su altura, los depredadores son menos hábiles para capturar sus presas, las cuales escapan parcialmente a su detección. La altura de la vegetación, entonces, inhibe la relación entre el depredador y la presa, como se expresa en la Fig. 4.7E. Esta inhibición se describe en la Fig. 4.7F como un efecto positivo de la altura de la vegetación sobre la abundancia de presas y un efecto negativo de aquella sobre la abundancia de depredadores. Para una fundamentación técnica de estas conversiones, el lector puede consultar Dambacher y Ramos-Jiliberto (2007).

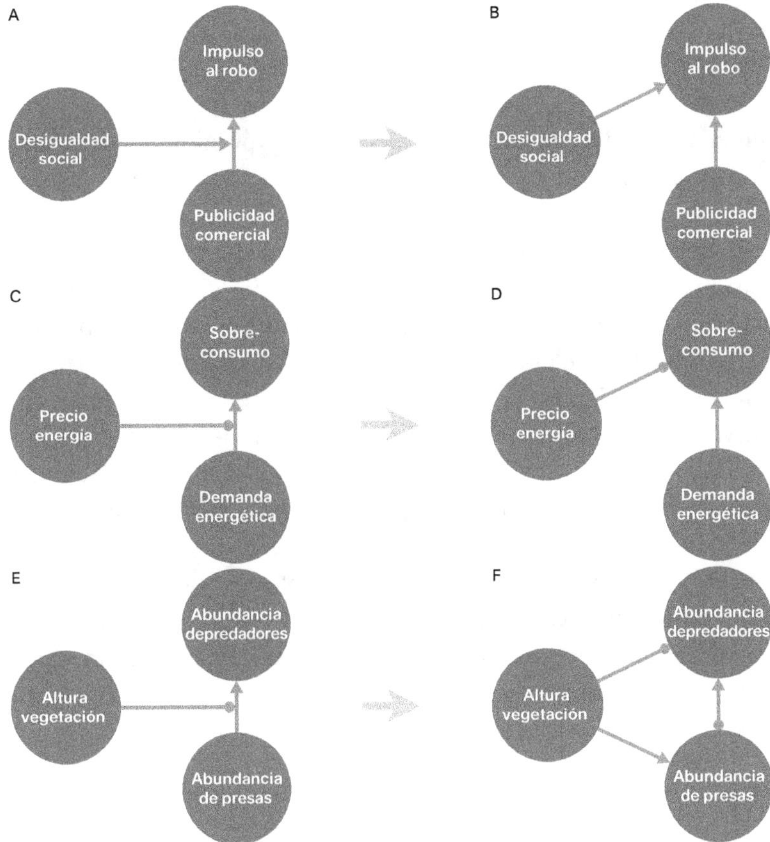

Figura 4.7: Modificaciones de influencias. A) La variable "desigualdad social" cataliza la influencia positiva de la publicidad sobre el impulso al robo, representado en B) como influencias directas. C) La variable "precio energía" inhibe la influencia positiva de la demanda energética en el sobreconsumo, lo cual está representado en D) como influencias directas. E) La variable "altura vegetación" inhibe la relación entre depredadores y presas, representado en F) como influencias directas.

Continuando con nuestro ejemplo simple de modelización de un sistema utilizando digrafos signados, en la Fig. 4.8 se muestran las relaciones de influencia entre los elementos definidos como componentes del núcleo del sistema modelo.

Figura 4.8: Fase inicial del proceso de modelización de un sistema: definición de relaciones de influencia en el núcleo del sistema.

4.2.2 Segunda fase: expansión desde el núcleo hacia la periferia del sistema modelo

Una vez que el núcleo del modelo está especificado provisoriamente es momento de expandir el modelo mediante la inserción paso a paso de elementos adicionales, conectándolos al núcleo y especificando sus respectivas interrelaciones de influencia. Deben incluirse sucesivamente elementos periféricos hasta el punto en que el sistema modelo conforma, a juicio del equipo de modelización, una unidad coherente y diferenciable de su entorno. En nuestro ejemplo, agregamos al núcleo el elemento "caudal de ríos", el cual es influido por la variable "temperatura", determina la calidad del agua y se relaciona recíprocamente con la variable "volumen de agua de riego", la cual ejerce una influencia positiva sobre la producción. Por otro lado, incorporamos el elemento "tamaño de la economía local", que es promovido por la producción de cultivos y por el ecoturismo. Esta nueva variable aumenta la "infraestructura", la que también fomenta el ecoturismo. Así, obtenemos un modelo en estado de construcción, compuesto por nueve variables (Fig. 4.9). Sobre este modelo, continuamos agregando los elementos considerados esenciales al sistema, hasta lograr nuestro modelo completamente expandido, como se muestra en la Fig. 4.10, compuesto por 16 variables y sus relaciones.

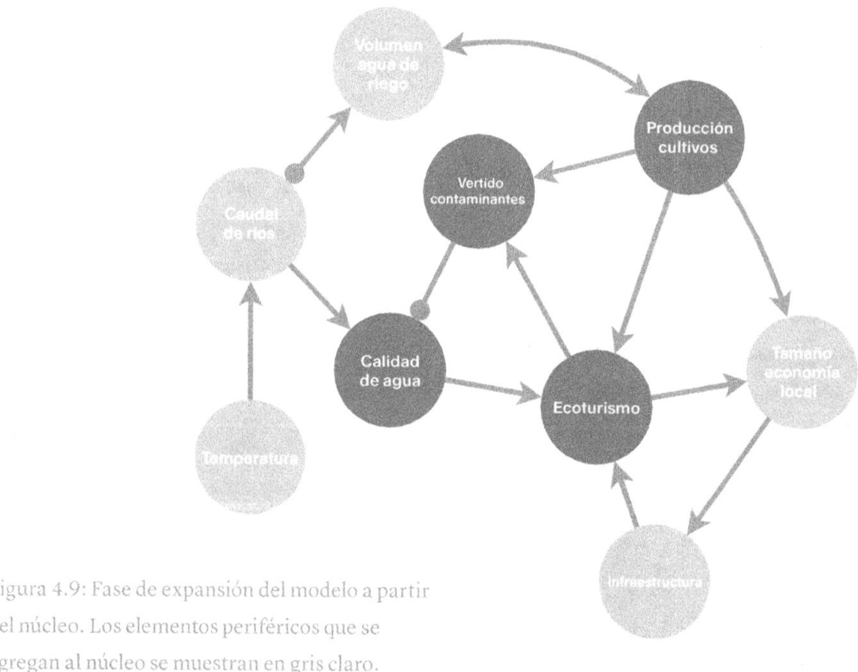

Figura 4.9: Fase de expansión del modelo a partir del núcleo. Los elementos periféricos que se agregan al núcleo se muestran en gris claro.

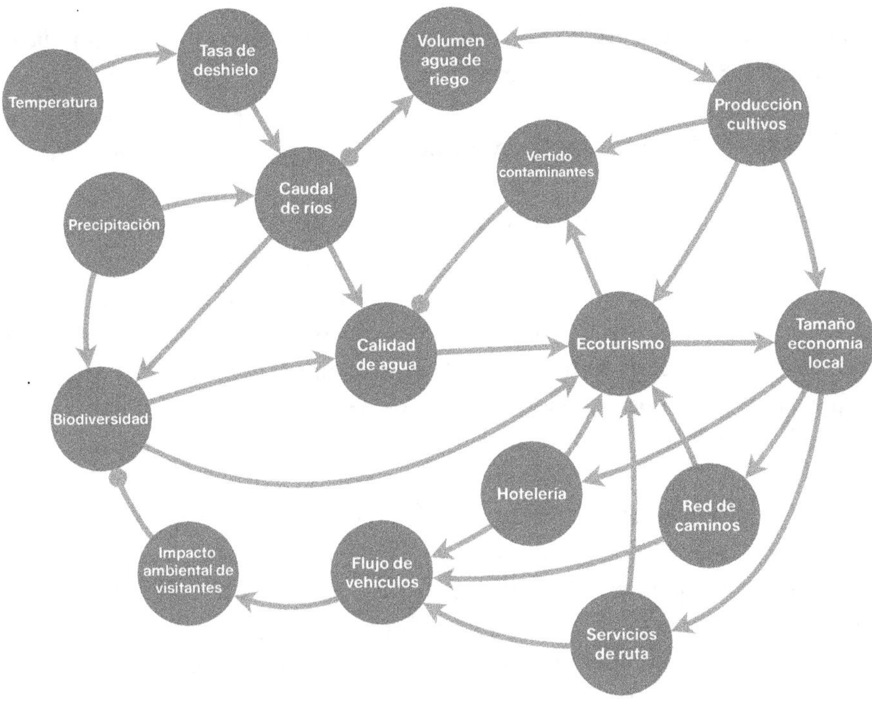

Figura 4.10: Segunda fase del proceso de modelización de un sistema: el modelo expandido.

4.2.3 Tercera fase: simplificación estructural del modelo

En esta fase del proceso de modelización de un sistema, el objeto es eliminar los elementos redundantes desde el punto de vista estructural, con la mínima pérdida de información. Como resultado, obtendremos un modelo que consideramos completo y con los elementos e interrelaciones necesarias y suficientes para representar el sistema de interés. El procedimiento general para efectuar la simplificación del modelo se denomina *contracción* y presento dos tipos: *contracción de cadenas* y *contracción de elementos gemelos*. Básicamente, una contracción da como resultado un sistema que tiene un número menor de elementos o relaciones, manteniendo esencialmente la misma estructura. Desde luego, estas formas de simplificación estructural no tienen sentido si es que los elementos del sistema se encuentran predefinidos, como por ejemplo, si queremos determinar la red de relaciones establecida por un grupo de actores específicos de interés, como puede ser un conjunto de amigos o los empleados de una empresa o las grandes empresas de un sector productivo. En estos casos el objeto de la modelización trae amarrado el conjunto de elementos. Para una vasta diversidad de sistemas reales, sin embargo, una de las metas de la modelización es identificar los elementos relevantes. Para estos casos, la simplificación estructural puede ser de gran ayuda.

Contracción de cadenas de influencia

En una secuencia lineal de influencias entre elementos siempre podrán definirse e incorporarse elementos intermedios, sin alterar el sentido de los caminos de influencia en el sistema completo y, por lo tanto, sin agregar información estructural. Como ejemplo, en la Fig. 4.11 se ilustra en la cadena superior que un aumento en la temperatura ambiente causará un incremento en la demanda de agua potable por parte de la población (esto es una influencia de tipo a → e). Aunque esta relación resulta bastante intuitiva, es posible incorporar un elemento intermedio que sirve como mecanismo explicativo de tal relación. Así, en la segunda cadena se establece que el aumento en la temperatura ambiente genera un déficit hídrico en el cuerpo de los individuos (influencia a → d), lo cual genera el aumento en la demanda de agua (d → e). En la cadena de la tercera fila de la Fig. 4.11, se incorpora un elemento explicativo intermedio en la influencia entre temperatura ambiente y déficit hídrico. Así, se ilustra que un aumento en la temperatura ambiente causa un aumento en la transpiración (a → c), lo cual provoca un aumento en el nivel de déficit hídrico (c → d), y esto a su vez genera un crecimiento de la demanda de agua (d → e). Finalmente, en la cadena del fondo, se incorpora un elemento intermedio adicional, que define la siguiente cadena de influencias: un aumento en la temperatura ambiente produce un aumento en la temperatura corporal (a → b); esto último se traduce en un aumento de la transpiración como mecanismo de enfriamiento (b → c), lo cual eleva el déficit hídrico (c → d), el que finalmente se traduce en un aumento en la demanda de agua potable (d → e). Como puede apreciarse, es posible seguir incorporando elementos explicativos intermedios en esta cadena de influencias, lo que constituye un aumento en la resolución de la información, pero no cambia el flujo de influencias entre la primera y la última variable (demarcada con línea segmentada en la Fig. 4.11). Estos elementos intermedios se denominan *portadores* y se caracterizan por presentar una única influencia de entrada y una única influencia de salida.

Puede que alguna o algunas de tales variables intermedias representen un foco de interés particular para el modelizador y, en ese caso, no sería deseable removerlas. Sin embargo, en muchas ocasiones lo que se busca es representar la estructura global del sistema, sin interés particular por alguno de estos elementos. Es así que, por lo general, es conveniente realizar una contracción de una cadena, uniendo directamente sus puntos extremos y removiendo los elementos intermedios. Esto significa ir de abajo hacia arriba en las filas de la Fig. 4.11. Al efectuarse una contracción de cadena, el signo de la relación resultante en la cadena reducida corresponde al producto de los signos de las relaciones que componen la cadena original (ver Fig. 4.12). El signo resultante será positivo si la cadena original contiene un número par (que incluye el cero) de influencias negativas.

Contracción de nodos gemelos

La premisa para conducir la simplificación del modelo con esta técnica es simple: desde una perspectiva sistémica, un objeto solo se identifica por sus relaciones. De esto sigue que si dos elementos poseen relaciones equivalentes, estos pueden contraerse en un único elemento sin pérdida sensible de información.

Se dice que dos elementos u y v de un sistema S son gemelos cuando poseen la misma vecindad cerrada. La vecindad cerrada de un elemento v en el sistema S es el subsistema compuesto por v, los elementos conectados con v en el sistema S y las relaciones que conectan entre sí a estos elementos en S. Los elementos que son gemelos participan de modo idéntico en la red de relaciones especificada en el sistema. Por lo tanto, estos elementos pueden considerarse como (i.e. reducirse a) un único elemento que debe definirse de modo más amplio (Fig. 4.13). En la literatura de redes sociales, se define que los elementos gemelos en un grafo (sistema) poseen *equivalencia estructural* en ese sistema (Wasserman et al., 1994) .

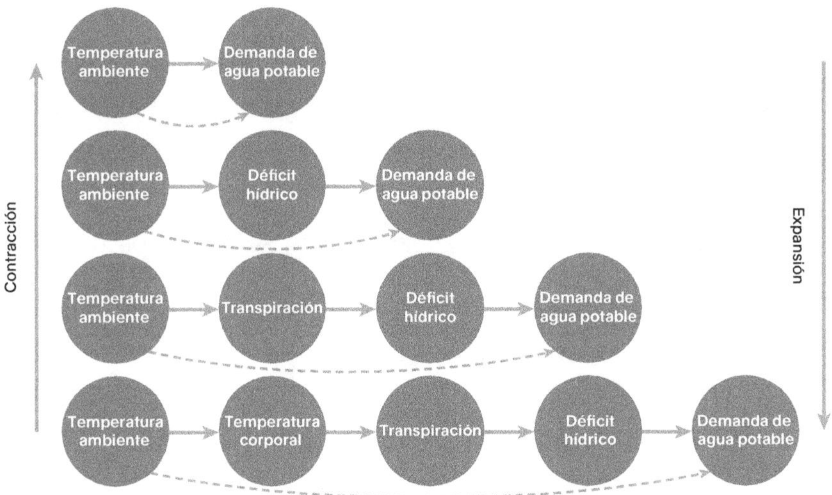

Figura 4.11: Contracción/expansión de cadenas lineales de influencia, a través de remover/agregar elementos intermedios (denominados *portadores*). Las flechas segmentadas representan la influencia *indirecta* entre los elementos extremos.

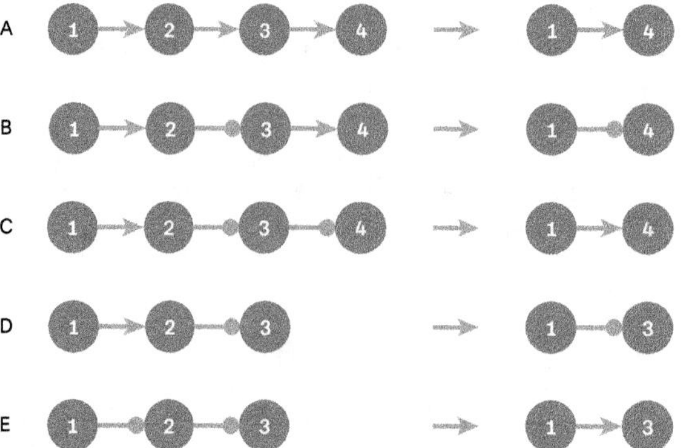

Figura 4.12: Ejemplos de contracción de cadenas lineales de influencias con relaciones de diferente signo.

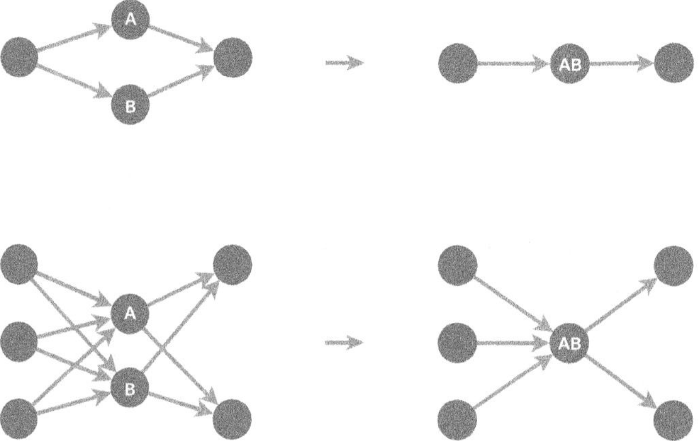

Figura 4.13: Contracción de elementos gemelos en un sistema.

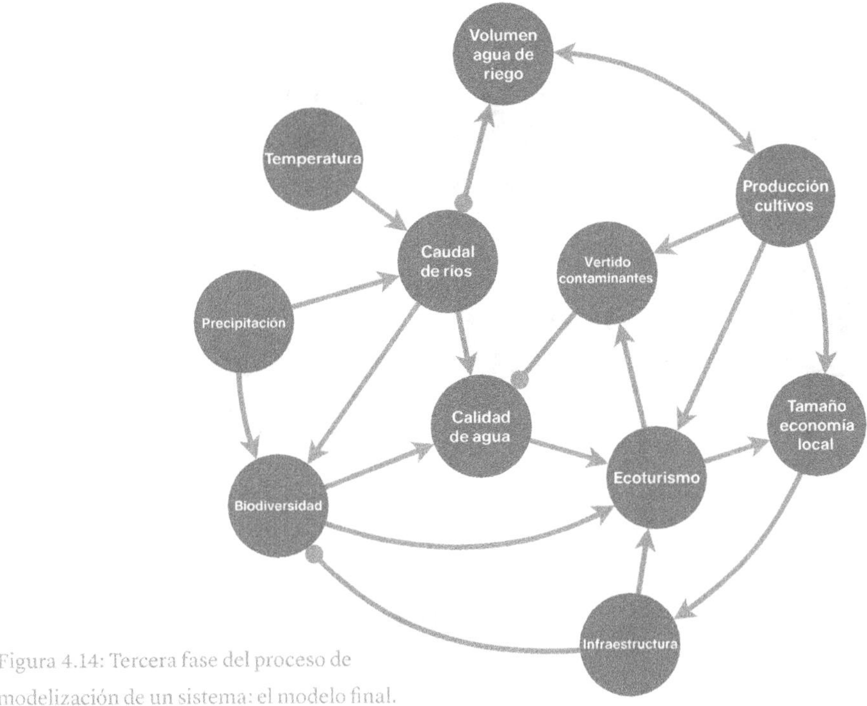

Figura 4.14: Tercera fase del proceso de modelización de un sistema: el modelo final.

En nuestro ejemplo, la construcción del modelo de sistema presentado en la secuencia de Figs. 4.3, 4.8, 4.9 y 4.10 concluye, tras el proceso de simplificación estructural aquí descrito, en el digrafo signado de la Fig. 4.14. El paso final se llevó a cabo en primer lugar mediante una contracción de cadena en la que removimos la variable "tasa de deshielo" (Fig. 4.15). Seguido, se efectuó una contracción de tres elementos gemelos: "hotelería", "red de caminos" y "servicios de ruta". Estos tres gemelos se contrajeron en el nuevo elemento "infraestructura" (Fig. 4.16 A-B). Finalmente, se realizó una nueva contracción de cadena en la que se removieron los elementos "flujo de vehículos" e "impacto ambiental de visitantes" (Fig. 4.16 B-C).

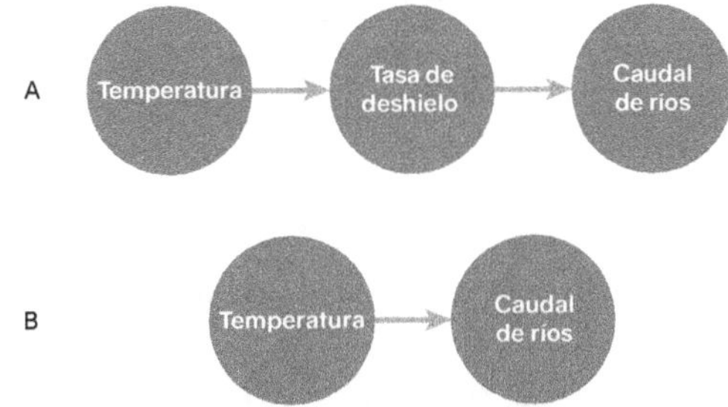

Figura 4.15: Simplificación del modelo desde la estructura de la Fig. 4.10 a la de la Fig. 4.14. Contracción de cadena.

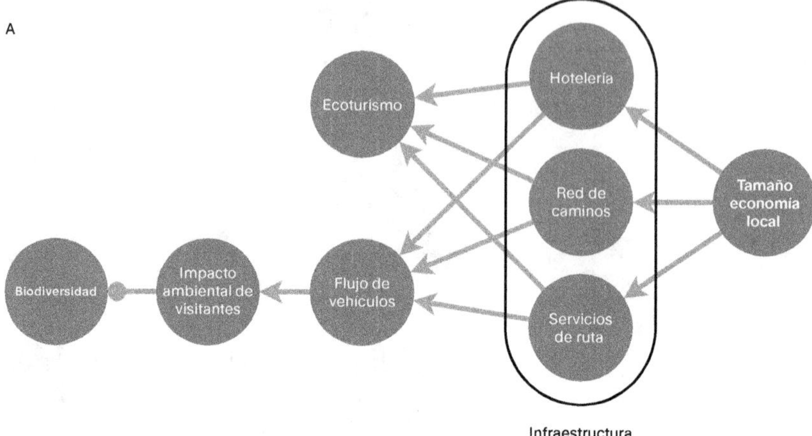

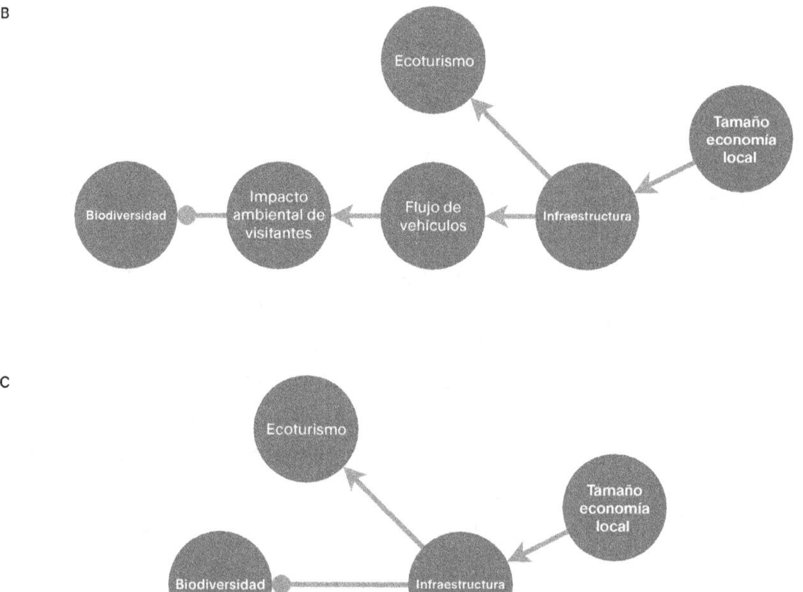

Figura 4.16: Simplificación del modelo desde la estructura de la Fig. 4.10 a la de la Fig. 4.14. A-B) Contracción de tres elementos gemelos en el único elemento "Infraestructura", B-C) Contracción de cadena.

4.3 Validación

¿Por qué deberían quienes toman decisiones, la sociedad o cualquier persona interesada confiar en la información que se obtiene del análisis de un modelo? Como ya se ha enfatizado, un modelo es un instrumento cuyo diseño y construcción descansa en decisiones humanas, subjetivas y sujetas a incertidumbre y error. Las conclusiones y el conocimiento obtenido mediante el uso de un modelo de sistema son confiables solo si el modelo constituye una representación aceptable del sistema real, para los objetivos específicos con que el modelo fue concebido. En consecuencia, para que un modelo pueda ser considerado una representación aceptable del sistema focal debe ofrecer argumentos de *validación*. Es decir, el equipo de modelización debe mostrar en forma transparente y precisa los resultados de un procedimiento de validación del modelo construido.

La validación de un modelo comprende un conjunto de acciones orientadas a evaluar la validez del modelo en cuanto sustituto del sistema real de interés para el propósito especificado en su origen. También, la validación tiene por propósito identificar los alcances, las limitaciones y las debilidades del modelo. La *credibilidad* de un modelo descansa en su validación.

En el ámbito de los modelos cuantitativos de simulación existe una vasta colección de términos relacionados con los procedimientos para evaluar la credibilidad de tales modelos. Validación, verificación, cualificación, calibración, confirmación y corroboración son términos comunes que han generado no poca confusión en su uso y significado. Esta terminología, en el ámbito de la simulación computacional, obedece a que un modelo cuantitativo de simulación a menudo consiste en una formulación matemática del modelo —típicamente un sistema de ecuaciones diferenciales—, una implementación del modelo en un código computacional y ciertas entradas al modelo, como las condiciones iniciales y de borde, los valores de parámetros del modelo y los valores de parámetros numéricos para generar las soluciones. Tal complejidad requiere evaluar el grado de conformidad entre la realidad de interés y un modelo conceptual de ella, entre el modelo conceptual y el modelo matemático, entre el modelo matemático y el modelo computacional, y entre las salidas o resultados del modelo computacional y el comportamiento observado del sistema (Schlesinger, 1979). En contraste con esta aproximación cuantitativa de simulación, en este libro promuevo el uso de modelos especificados cualitativamente, basados en el uso de digrafos signados como técnica de modelización de sistemas. Este tipo de modelo, contrariamente a los modelos de simulación, no hace uso ni de ecuaciones ni de valores de parámetros para su formulación. Más aún, su implementación en un lenguaje matemático y luego computacional es muy sencilla y, por lo tanto, presenta bajo riesgo de error por esta causa. En la modelización cualitativa de sistemas, el modelo conceptual y el modelo gráfico son una misma entidad, la cual no pasa por un código computacional para ser resuelta ni por parámetros que calibrar. Sin embargo, la credibilidad del modelo cualitativo de un sistema descansa en el peso del respaldo que recibe su estructuración.

Uso el término validación para denominar el procedimiento conducido para evaluar si un modelo, dentro de su dominio de aplicabilidad, es un instrumento válido para los propósitos que motivaron su construcción (Rykiel Jr., 1996). Por ello, un modelo válido es aquel cuyo contenido científico y conceptual es considerado suficiente y adecuado para su propósito.

Las acciones de validación pueden dividirse en dos tipos. Un tipo de validación, aquí llamado *validación estructural,* descansa en evaluar el modelo en sí, en cuanto representación idónea del sistema real en el contexto del uso propuesto. El otro tipo de validación, la *validación funcional,* consiste en evaluar si las salidas (i. e. proyecciones o predicciones) del modelo se ajustan a las observaciones disponibles.

4.3.1 Validación estructural del modelo

La validación estructural intenta responder a la siguiente pregunta: ¿qué tan idónea es *la estructura* del modelo propuesto en cuanto sustituta de la estructura del sistema real de interés en el contexto del uso para el cual fue creado? Este tipo de validación también se ha denominado *confirmación* (Refsgaard y Henriksen, 2004) y *validación conceptual* (Rykiel Jr., 1996). Para el objeto central de este escrito, orientado a modelizar la estructura cualitativa de sistemas mediante el uso de herramientas visuales (digrafos signados), la validación estructural es de primera importancia. En el caso de que el modelo esté orientado a la planificación estratégica, la toma de decisiones o para fines de estilo similar, la validación estructural es una necesidad y no debería omitirse bajo ninguna circunstancia. No obstante, la validación estructural no es una receta única que deba seguirse en forma inflexible. Por el contrario, ella puede adoptar diversas modalidades, algunas de las cuales presento brevemente. Pero primero, analicemos con más precisión cuáles son aquellos atributos estructurales del modelo de sistema que se deben considerar en una validación estructural. Particularmente en el ámbito de los modelos de sistemas que se construyen bajo el formalismo de digrafos signados se debe evaluar: a) que el conjunto de elementos (variables) del sistema modelo sea razonable. Es decir, se validan aquellos modelos en que no faltan elementos relevantes al sistema en el marco del uso del modelo y que no incluyen elementos prescindibles. b) que las relaciones entre los elementos estén razonablemente especificadas. Es decir, se validan aquellos modelos en que las influencias entre sus elementos están respaldadas en cuanto a su existencia, dirección y signo. Ahora bien, ¿cómo llevar a efecto la validación estructural? A continuación presento algunas formas de abordar este procedimiento que son aplicables a un espectro amplio de sistemas, siempre considerando que nuestro modelo sujeto a validación está construido como un digrafo signado, sin parámetros a estimar ni ecuaciones explícitas que especifiquen su comportamiento. Las siguientes fuentes de validación no son en absoluto excluyentes entre sí. Por el contrario, mientras más fuentes de validación se consideren, más sólido será el resultado de la validación y más nítida la credibilidad del modelo.

Validación por expertos

Esta forma de validación se lleva a cabo a través de consultas, cuidadosamente planificadas, dirigidas a un conjunto de personas consideradas expertas por su conocimiento y experiencia en el sistema real de interés. Las consultas pueden ser conducidas mediante entrevistas presenciales, a distancia o por medio de encuestas. En el caso de realizar entrevistas, estas se pueden realizar individualmente a cada experto o conformar mesas de trabajo. La selección del grupo de expertos es un proceso por lo general complejo. Primero, porque comúnmente el número de expertos respecto de un sistema natural, social o socioecológico particular es escaso, en especial, en países en desarrollo. Por ello, se debe considerar primariamente el conjunto de expertos más amplio posible. Los expertos deben ser actores reconocidos en su comunidad profesional, ya sea por su experiencia o por sus certificaciones. Generalmente, los expertos provienen del ámbito académico, de la investigación, del mundo público (e.g. gobierno) e instituciones privadas cuyo quehacer está vinculado al tipo de sistema que se está modelizando. De este conjunto, no todos estarán disponibles para participar del proceso de validación del modelo, por motivos variados, otros no podrán participar por conflictos de interés y algunos no alcanzarán el estándar de respuesta fijado como mínimo para ser considerado en los resultados de la validación. Aunque la metodología específica de la consulta admite numerosas variantes y debe responder a las singularidades del sistema, de los objetivos del trabajo y del grupo de expertos consultados, es recomendable que se incluyan las siguientes fases: 1) selección cuidadosa y fundamentada del grupo de expertos, 2) planificación detallada de las actividades de consulta y del material de apoyo necesario, 3) realización de la consulta, 4) registro del proceso completo y resultados de la consulta, 5) identificación y fundamentación de cambios a introducir en el modelo para su mejoramiento.

Validación por actores-clave

Cuando el sistema a modelizar incluye a seres humanos y particularmente a las relaciones de ciertos elementos con comunidades locales, la validación por actores clave es fundamental. Son actores clave (*stakeholders* en inglés) aquellas entidades individuales (personas naturales) o colectivas (instituciones, empresas, organizaciones, colectivos locales, etc.) que son partes interesadas y relevantes en un proyecto, programa o acción. Por un lado, los actores clave son relevantes en cuanto a su poder de influencia (promotora o inhibidora) sobre el desarrollo del proyecto o por ser sensibles (positiva o negativamente) a los efectos atribuibles al mismo. La validación por actores clave sigue los mismos conceptos y momentos que la validación por expertos. En este caso, lo singular es que el universo de personas consultadas corresponde a representantes de los actores clave o a los actores clave mismos. El procedimiento para la identificación de los actores clave en el contexto de un sistema y propósito de modelización especificados se realiza por medio de un *mapeo de actores clave* (Tapella, 2007), que debe ser conducido preferentemente por integrantes del equipo de modelización con formación en metodologías de las ciencias sociales.

Validación por literatura

En todo proyecto de modelización se debe recopilar la literatura disponible pertinente al sistema de interés y los objetivos propuestos. De esta revisión bibliográfica, debidamente sistematizada, se desprende la validación por literatura del modelo de sistema propuesto. La literatura puede proveer *evidencia empírica* que respalde la elección de ciertos elementos del sistema modelo y el tipo de relaciones establecidas entre ellos. También del análisis de la literatura puede obtenerse un *respaldo teórico* de partes de la estructura del sistema que se asume en el modelo. Por ejemplo, está bien establecido que la temperatura ambiente, dentro de ciertos límites, está íntimamente relacionada con el ritmo metabólico de los organismos vivos. El respaldo teórico a tal tipo de influencia es suficiente y no se requiere de evidencia empírica adicional para validarlo.

Un aspecto crítico a considerar a la hora de seleccionar el conjunto de estudios publicados para conducir una validación por literatura es la confiabilidad de las fuentes seleccionadas. Las publicaciones dentro de cualquier ámbito del saber que han logrado consolidar una alta reputación, se encuentran indizadas (indexadas) en alguno de los sistemas de consulta global, tales como *Web of Science (WoS)*, *Scopus* o *Scielo*, este último en el ámbito de las publicaciones generadas en países en desarrollo y emergentes. El que una publicación esté indizada en estos sistemas de bases de datos implica que ha pasado por un filtro de calidad en la gestión de la información que divulgan. En particular, las publicaciones indizadas han demostrado una periodicidad regular en la publicación de sus artículos, poseen un comité editorial, cuyos miembros son reconocidos en el campo de su saber y los artículos que publican se someten a referato externo, mediante un proceso denominado *revisión por pares*. En la revisión por pares, todo artículo que pretende ser publicado es evaluado en su contenido y en su forma por evaluadores expertos (árbitros). Solo una vez que el artículo cumple satisfactoriamente con los rigurosos estándares de calidad impuestos por el conjunto de árbitros, este se aprueba para su publicación. De esta manera, una publicación indizada posee una suerte de certificación de confiabilidad técnica.

Ahora bien, dentro del selecto grupo de publicaciones indizadas en sistemas globales es posible reconocer cierta jerarquía basada en el número de citaciones que reciben sus artículos en otros artículos indizados. Mientras más citaciones acumule un artículo publicado, se asume que este ejerce un mayor *impacto* en otros proyectos o estudios. Así, las revistas especializadas acumulan prestigio —basado en su impacto— a partir del número de citaciones que acumulan los artículos publicados en ellas. Este impacto se mide periódicamente a través de una serie de indicadores bibliométricos. Tal vez el más conocido y utilizado globalmente sea el *factor de impacto de revistas* (IF) del sistema *Journal Citation Reports*. Cuanto mayor sea el IF de una revista, esta se considera más influyente e importante dentro de su disciplina. En síntesis, una validación por literatura debería favorecer la información obtenida de fuentes arbitradas, indizadas y con mayor IF relativo a otras fuentes de la misma disciplina.

Si bien se han planteado numerosas críticas por el uso del IF como medida de la calidad de un medio de publicación, actualmente es una buena alternativa rápida y no requiere conocimiento especializado. La base de la relación establecida entre el IF del medio y la calidad de una publicación en este, descansa en que los incentivos para los investigadores (i.e., la adjudicación de proyectos, el prestigio profesional, el acceso a puestos de trabajo, etc.) apuntan a la publicación de sus estudios en los medios especializados que posean un mayor IF. Esto genera una competencia entre los investigadores por publicar sus estudios en medios de alto IF. Asimismo, los medios con mayor IF reciben más prestigio y éxito comercial. Estos factores, en conjunto, determinan que los pocos estudios con mayor potencial de ser influyentes en futuros proyectos y por esta vía capaces de elevar el número de citaciones del artículo y con ello el IF del medio en que se publica son los que llegan a ser publicados en medios de alto IF. Estos estudios tienden a ser de alta calidad y credibilidad.

La búsqueda de información publicada de estas características puede realizarse en los motores de búsqueda de los mismos sistemas de indización que desarrollan los indicadores bibliométricos (*WoS*, *Scopus*). Sin embargo, la utilización de estos sistemas no es gratuita, lo cual limita severamente su uso. Alternativamente, puede utilizarse algún sistema de búsqueda abierto. Hoy por hoy, el más utilizado es Google Scholar (https://scholar.google.com). Este tipo de buscadores gratuitos no son selectivos en las fuentes, por lo que se hace necesario utilizar los criterios e indicadores arriba señalados cuando se filtra la información encontrada, a fin de seleccionar las fuentes con mayor credibilidad. El correcto uso de la información publicada es cada vez más crítico, puesto que el volumen de información que puede encontrarse es prácticamente ilimitado. Por ello, es frecuente hallar conclusiones opuestas frente a un mismo tópico. Por ejemplo, es fácil encontrar literatura que indique que el consumo de marihuana no presenta efectos adversos a largo plazo y literatura que señala lo contrario. Esto ha ocurrido en temas de gran connotación, como los efectos del tabaco, las grasas y azúcares en la dieta y el supuesto estatus microabortivo del anticonceptivo de emergencia. En nuestra era podemos encontrar respaldo bibliográfico a casi cualquier cosa que queramos. La clave es discriminar entre la información que es válida de la que no lo es y ponderarla a través de la calidad de los medios en los cuales fue publicada. Las fases críticas al conducir una validación por literatura de un modelo de sistema son: 1) búsqueda de literatura publicada, 2) selección de las fuentes a considerarse en la validación, 3) análisis y clasificación de la evidencia publicada, 4) registro del proceso completo, criterios de selección de fuentes, indicadores bibliométricos y resultados de la validación por literatura, 5) identificación y fundamentación de cambios por introducir en el modelo para su mejoramiento.

4.2.3 Validación funcional del modelo

La validación funcional intenta responder a la siguiente pregunta: ¿qué tan consistente es *el comportamiento* del modelo en relación al comportamiento conocido del sistema real de interés? La validación funcional es una técnica potente para poner a prueba un modelo, pero en muchos casos no es factible su uso. En la aplicación del método científico estándar, una hipótesis científica genera un conjunto de predicciones, algunas de las cuales se contrastan con observaciones. Si las observaciones calzan con la(s) predicción(es), entonces la hipótesis no puede (por ahora) descartarse e incrementa su confiabilidad. La validación funcional procede de modo similar. Aquí, del análisis del modelo se genera un conjunto de proyecciones, algunas de las cuales se contrastan con observaciones. Si las observaciones calzan con la(s) proyección(es), entonces no hay fundamentos para descartar el modelo y este gana confiabilidad. No ahondaremos en este tipo de validación, puesto que su aplicabilidad en el ámbito de la modelización de sistemas naturales, sociales y socioecológicos es por lo general limitada. Esto, principalmente por dos motivos: 1) este tipo de sistemas opera a escalas temporales y espaciales extendidas. Debido a ello, efectuar un estudio del comportamiento del sistema a fin de contrastar las proyecciones del modelo puede tomar plazos y requerir recursos que harían ineficaz la gestión del sistema de interés con la celeridad comúnmente solicitada por los actores. 2) En el ámbito de la toma de decisiones, una validación funcional supone la corroboración del comportamiento del sistema real esperado según el modelo, como antecedente para la utilización del modelo. Esto, en muchos casos es irrealizable en los plazos útiles requeridos. Si para intervenir un sistema basado en las proyecciones generadas por el modelo se debe primero intervenir el sistema para corroborar que este sea aplicable, nos envolvemos en un conflicto de operatividad. Sin embargo, es factible encontrar vías para conducir una validación funcional en algunos casos y, de ser así, es conveniente realizarla.

4.2.3 Informe de validación

Una vez realizado un procedimiento de validación de un modelo de sistema es aconsejable siempre e indispensable en casos en que la modelización forma parte de un proyecto mayor destinado a la toma de decisión en temas sensibles socialmente, desarrollar un *Informe de validación*. Este informe consiste en un documento en que, en forma clara y precisa, se presentan los argumentos de validación del modelo de sistema, conducentes a calificar el nivel de credibilidad que debería otorgarse al modelo, así como su dominio de aplicabilidad (Schlesinger, 1979). El informe de validación debe contener al menos las siguientes secciones:

1 Declaración del propósito para el cual fue construido el modelo.
2 Descripción del equipo de trabajo encargado de la construcción del modelo.
3 Descripción resumida del modelo de sistema sometido a validación.
4 Descripción detallada de los procedimientos de validación utilizados y sus resultados.
5 Especificación de los cambios realizados al modelo original como producto de los resultados y recomendaciones emanadas del proceso de validación.
6 Especificación del dominio de aplicabilidad del modelo. Este consiste en el conjunto de condiciones para las cuales el modelo se considera apropiado para los propósitos declarados.
7 Especificación de las debilidades y limitaciones detectadas del modelo.
8 Sumario itemizado de las conclusiones de la validación del modelo.
9 Respaldo de los procedimientos conducidos en forma de anexos. En estos se debe incluir toda la documentación que constituya evidencia de los procedimientos llevados a cabo y sus resultados.

Capítulo 5

¿Cómo analizar la estructura de un modelo de sistema?

5.1 Fundamentos teóricos sobre digrafos signados

Un digrafo o grafo dirigido es una colección de objetos, llamados *vértices*, conectados entre sí por *arcos*. Los arcos tienen una dirección definida, desde el vértice de origen llamado *cola* hasta el vértice de destino llamado *cabeza* (Fig. 5.1). En los digrafos signados los arcos tienen además asignado un signo *positivo* o un signo *negativo*. Al utilizar un digrafo signado para representar un modelo de sistema, los vértices representan las variables o elementos del sistema y los arcos las influencias —positivas o negativas— entre las variables. La cola y la cabeza del arco representan respectivamente las variables que ejercen y reciben la influencia. La ausencia de arcos entre dos vértices indica que no existe influencia causal entre ellos. En general, los digrafos signados son apropiados para representar complejos de relaciones direccionales entre variables.

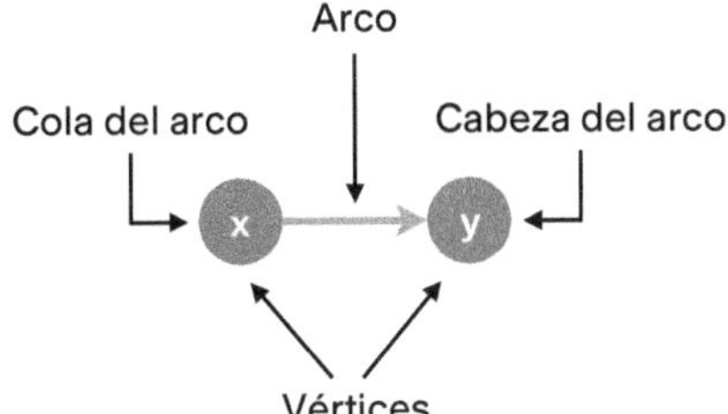

Figura 5.1: Componentes de un digrafo.

El *grafo asociado* a un digrafo se obtiene mediante el reemplazo de los arcos (con dirección) por *aristas* sin dirección. La utilidad de obtener el grafo asociado radica en que este es a menudo informativo y el análisis de su estructura, previo al análisis del digrafo original, es simple de realizar.

Un tipo más inclusivo de digrafo lo constituyen los *digrafos ponderados*. Un digrafo ponderado es un digrafo cuyos arcos tienen asignado un número como valor. Este valor es el peso del arco y representa la magnitud o intensidad —positiva o negativa— de la relación.

5.1.1 Tipos básicos de vértices en digrafos

Comencemos por un par de definiciones básicas que nos permitirán desarrollar lo que sigue.

Grado de entrada (*in-degree* en inglés). Para un vértice v_i, su grado de entrada $\delta^I(v_i)$ es el número de arcos que tienen a v_i como cabeza. Corresponde al número de arcos que llegan al vértice.

Grado de salida (*out-degree* en inglés). Para un vértice v_i, su grado de salida $\delta^O(v_i)$ es el número de arcos que tienen a v_i como cola. Corresponde al número de arcos que salen del vértice.

Grado total Es la suma del grado de entrada más el grado de salida del vértice, $\delta^T(v_i) = \delta^I(v_i) + \delta^O(v_i)$.

Se cumple que la suma de los grados de entrada sobre todos los vértices del digrafo $\sum_i \delta^I(v_i)$ es igual a la suma de los grados de salida $\sum_i \delta^O(v_i)$, lo que es igual al número de arcos del digrafo m.

A partir de los grados de entrada y de salida de cada vértice estos se clasifican (ver Fig. 5.2) en:

1   **Aislado:** $\delta^I(v_i) = \delta^O(v_i) = 0$. No tiene vértices adyacentes.
2   **Transmisor o fuente:** $\delta^I(v_i) = 0$ y $\delta^O(v_i) > 0$. No tiene arcos de entrada, solo de salida.
3   **Receptor o sumidero:** $\delta^I(v_i) > 0$ y $\delta^O(v_i) = 0$. No tiene arcos de salida, solo de entrada.
4   **Portador:** $\delta^I(v_i) = \delta^O(v_i) = 1$. Tiene un único arco de entrada y un único arco de salida.
5   **Ordinario:** $\delta^I(v_i) > 1$ y/o $\delta^O(v_i) > 1$. Tiene más de un arco de entrada y uno o más arcos de salida, o bien más de un arco de salida y uno o más arcos de entrada.

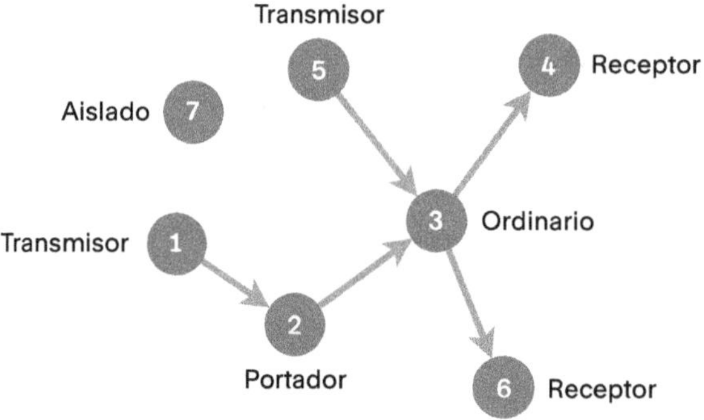

Figura 5.2: Clasificación de vértices de un digrafo.

5.1.2 Conectividad de digrafos

A continuación se presenta una serie de importantes definiciones relativas al modo en que los vértices pueden conectarse con el resto del sistema. Estas propiedades de conectividad de los vértices son la base de buena parte de las métricas cuantitativas utilizadas para caracterizar la estructura de un sistema.

Adyacencia: Dos vértices v_i y v_j del digrafo **G** son adyacentes si están conectados por un arco.

Conjunto de vecinos de entrada: Para un vértice v_i en el digrafo **G**, corresponde a todos los vértices adyacentes que tienen un arco con v_i como cabeza.

Conjunto de vecinos de salida: Para un vértice v_i en el digrafo **G**, corresponde a todos los vértices adyacentes que tienen un arco con v_i como cola.

Recorrido (*directed walk* en inglés): Es una sucesión alternada de vértices y arcos dentro de un digrafo **G**, en la dirección especificada por sus arcos. Los vértices y arcos de esta secuencia pueden o no ser distintos. Un recorrido tiene dos extremos: uno es el vértice de inicio y el otro el vértice de destino.

Camino (*directed path* en inglés): Es un recorrido en el que todos sus vértices son distintos.

Ciclo (*directed cycle* en inglés): Es un recorrido en el que todos sus vértices son distintos con excepción de los extremos.

Alcanzabilidad: En un digrafo **G**, un vértice v_j es alcanzable desde un vértice v_i si existe un camino desde v_i hacia v_j.

Longitud: La longitud de un recorrido, camino o ciclo es el número de arcos que lo componen (igual al número de vértices menos uno).

Distancia: La distancia d_{ij} desde un vértice v_j hacia un vértice v_i en un digrafo **G** es la mínima de las longitudes de los caminos existentes desde v_j hacia v_i. Tal camino se conoce como el camino más corto o camino geodésico desde v_j hacia v_i.

Conexidad: Se dice que un digrafo **G** es fuertemente conexo si *para cada par* de vértices v_i, v_j en **G** existe un camino desde v_i hacia v_j. El digrafo **G** es débilmente conexo si su grafo asociado es conexo, es decir, que posee un camino (no dirigido) entre cada par v_i, v_j.

Si un digrafo es conexo, y en particular si es fuertemente conexo, implica que todos sus elementos son interdependientes. De lo contrario, el grafo puede dividirse en *componentes conexas*, dentro de las cuales existe interdependencia completa entre sus elementos, pero sin influencias entre elementos que pertenecen a diferentes componentes conexas. Para digrafos que no presentan conexidad fuerte son útiles también las siguientes definiciones.

Componente de salida: Para un vértice v_i, su componente de salida $O(i)$ es el conjunto de vértices que son alcanzables vía caminos directos que inician en v_i, e incluye a v_i. Este conjunto puede ser interpretado como la *esfera de influencia* de v_i.

Componente de entrada: Para un vértice v_i, su componente de entrada $I(i)$ es el conjunto de vértices desde los cuales existe un camino hasta v_i. Este conjunto puede ser interpretado como la *esfera de dependencia* de v_i.

5.1.3 Matriz de adyacencia

Los digrafos signados pueden ser representados también como matrices. La representación de un sistema como una matriz permite ejecutar cálculos más fácilmente. Por lo general, estos cálculos se ejecutan con un computador, excepto para sistemas muy pequeños. Así, utilizando técnicas de álgebra de matrices es posible calcular un gran número de propiedades de los digrafos. Sin embargo, para la mayoría de nosotros la representación visual de un digrafo signado es más intuitiva y comprensible a primer golpe de vista que la representación matricial. Entonces, cuando se conduce el análisis de un sistema, ambas representaciones son útiles desde diferentes perspectivas y, por supuesto, deberían ser utilizadas en forma complementaria.

Una forma usual y práctica de representar un digrafo matricialmente es por medio de la llamada *matriz de adyacencia*, que llamaremos **A**. Ver nota al pie[5] para la convención utilizada en la escritura. La matriz de adyacencia **A** de un digrafo signado es una matriz de $n \times n$, es decir, n filas y n columnas, donde n es igual al número de vértices del digrafo (i.e. número de variables del sistema). Las entradas de **A**, a_{ij}, indican la influencia que el vértice (variable de sistema) v_j ejerce sobre el vértice v_i. Si la influencia es nula (i.e. no hay conexión entre los vértices v_j e v_i), la entrada $a_{ij} = 0$. Si v_j ejerce una influencia positiva sobre

---

5 En este texto utilizaremos letras destacadas en **negrita** para indicar matrices y vectores. Las cantidades escalares serán representadas por símbolos escritos en *cursiva*.

v_i (representado visualmente como $v_j \rightarrow v_i$), entonces $a_{ij} = 1$. Si v_j ejerce una influencia negativa sobre v_i (representado $v_j \dashrightarrow v_i$), entonces $a_{ij} = -1$. Nótese que v_j y v_i pueden ser el mismo vértice ($j = i$). Ese tipo de influencia en que la cola y la cabeza del arco corresponden al mismo vértice, se denomina *autoinfluencia* y su valor se ubica en las entradas de la diagonal de **A**, a_{ii}. Las entradas que se ubican fuera de la diagonal, a_{ij} con $j \neq i$, representan las influencias entre elementos diferentes entre sí.

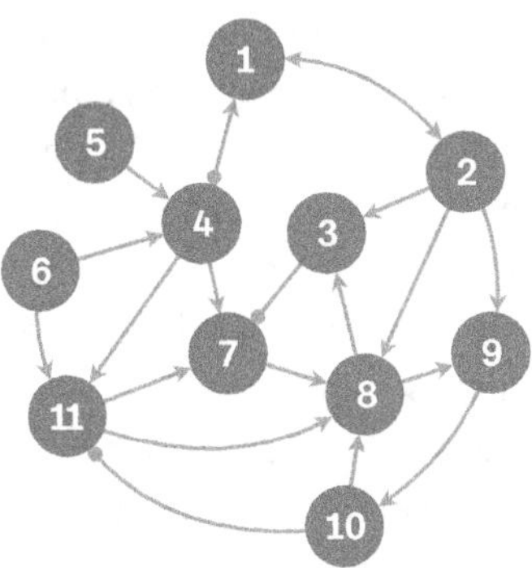

Figura 5.3: Sistema de ejemplo para la construcción de la matriz de adyacencia.

Para el sistema que hemos utilizado de ejemplo para la modelización en el Capítulo 4 (Fig. 4.14), reetiquetamos los vértices con números para obtener el digrafo de la Fig. 5.3. Su correspondiente matriz de adyacencia se muestra en la ecuación (5.1).

$$\mathbf{A} = \begin{pmatrix}
-1 & 1 & 0 & 1 & 0 & 0 & 0 & 0 & 0 & 0 & 0 \\
1 & -1 & 0 & 0 & 0 & 0 & 0 & 0 & 0 & 0 & 0 \\
0 & 1 & -1 & 0 & 0 & 0 & 0 & 1 & 0 & 0 & 0 \\
-1 & 0 & 0 & -1 & 1 & 1 & 0 & 0 & 0 & 0 & 0 \\
0 & 0 & 0 & 0 & -1 & 0 & 0 & 0 & 0 & 0 & 0 \\
0 & 0 & 0 & 0 & 0 & -1 & 0 & 0 & 0 & 0 & 1 \\
0 & 0 & -1 & 1 & 0 & 0 & -1 & 0 & 0 & 0 & 1 \\
0 & 1 & 0 & 0 & 0 & 0 & 1 & -1 & 0 & 1 & 0 \\
0 & 1 & 0 & 0 & 0 & 0 & 0 & 1 & -1 & 0 & 0 \\
0 & 0 & 0 & 0 & 0 & 0 & 0 & 0 & 1 & -1 & 0 \\
0 & 0 & 0 & 1 & 0 & 1 & 0 & 0 & 0 & -1 & -1
\end{pmatrix} \tag{5.1}$$

5.1.4 Autoinfluencia

En la matriz de la ecuación (5.1) todos los elementos de la diagonal a_{ii} = -1. Esto significa que estamos asumiendo que todas las variables del sistema modelo presentan *autoamortiguación*. La autoamortiguación se genera comúnmente si el incremento de una variable es más lento a medida que el nivel de aquella variable se hace mayor. Por ejemplo, el nivel de conocimientos sobre un tema particular (e.g. repostería) aumenta de manera veloz cuando se es absolutamente ignorante en el tema, pero a medida que el nivel conocimiento es mayor, resulta más lento seguir aprendiendo. También, el nivel de destreza para tocar un instrumento aumenta rápido cuando no se sabe cómo hacerlo, pero mientras más se avanza en el dominio del instrumento más lento resulta seguir avanzando. Estos ejemplos hablan de una *retroalimentación negativa* directa en la variable. Casos contrarios de *retroalimentación positiva* ocurren si una variable aumenta más rápido cuando su nivel es mayor. Por ejemplo, cuando el nivel actividad física de una persona aumenta más rápidamente a medida que hace más ejercicio o cuando el nivel de manejo de un idioma extranjero mejora más fácilmente mientras más se conoce de aquel idioma. En tales casos, la autoinfluencia es positiva y la entrada de la diagonal de la correspondiente matriz de adyacencia será igual a 1. En este texto las autoinfluencias no se incluyen en la representación visual de los digrafos, por estar estos orientados a exhibir las influencias *entre* las distintas variables del sistema. Por supuesto, otras convenciones son igualmente válidas.

Por último, para la representación del sistema modelizado podemos utilizar un digrafo *ponderado*, en el que a las influencias entre elementos se les asigna un peso que asume valores reales. En tal caso, las entradas a_{ij} de **A** tendrán valores reales que serán positivos, negativos o cero para influencias positivas, negativas y nulas respectivamente.

5.2 Análisis visual

Es la forma más básica de análisis, pero no por ello de menor poder. El análisis visual permite utilizar las enormes y complejas habilidades cognitivas humanas para el reconocimiento de patrones estructurales. El análisis visual de sistemas se facilita por una representación limpia y precisa del sistema de interés. Así, si se construyó un modelo de sistema representado como un digrafo signado, este modelo es un excelente sustrato para extraer información relevante mediante la exploración visual. En concreto, se recomienda conducir un análisis visual del modelo de sistema como primera e indispensable técnica de análisis y volver a conducirlo en pasos intermedios y final del procedimiento analítico cuantitativo que abordaré más adelante. El ejercicio de extraer números asociados a índices que caracterizan un sistema, carece de sentido e impide una comprensión profunda de la estructura del sistema si no es orientado y corroborado por un detenido análisis visual del modelo. Por medio del análisis visual se pretende obtener una perspectiva general del sistema. Esto incluye el reconocimiento de sectores de mayor homogeneidad y sectores de mayor heterogeneidad de relaciones entre elementos, así como de sectores de mayor y de menor densidad de arcos. También podemos evaluar cualitativamente la prevalencia y disposición de diferentes tipos de vértices (Sección 5.1.1).

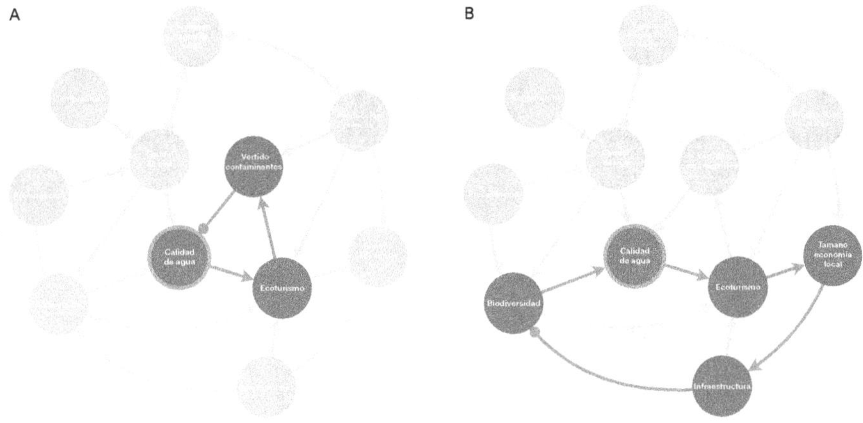

Figura 5.4: Análisis visual del sistema ejemplo: identificación de ciclos en que participa la variable "calidad de agua" (resaltada con perímetro cian).

De forma más particular, a través del análisis visual tenemos la oportunidad de dar atención especial a aquellos elementos que son gravitantes en nuestra pregunta o problema inicial, a través de la identificación visual de los recorridos (con especial énfasis en caminos y ciclos) en los cuales participan los vértices que representan las variables de interés (ver Sección 5.1.2). Esta técnica permite entender intuitivamente el rol que asumen tales vértices en el contexto del sistema modelizado. Volvamos a tomar nuestro sistema de ejemplo que se muestra en la Fig. 4.14. Asumamos que estamos focalizados, por la naturaleza de nuestro propósito de modelización, en la variable "calidad de agua". Como se muestra en la Fig. 5.4, el vértice correspondiente a esa variable participa de dos ciclos de influencias. Un ciclo (Fig. 5.4 A) tiene longitud 3 y configura una retroalimentación negativa, por contener un número impar de arcos negativos.

Así, una mayor calidad de agua (de arroyos, ríos y lagunas) promueve la actividad de ecoturismo, la cual incrementa el vertido de contaminantes al sistema, que hace finalmente disminuir la calidad de agua. En el segundo caso (Fig. 5.4 B), el vértice focal participa de un nuevo ciclo negativo, de longitud 5. Este ciclo, como el anterior, resulta en una autoinhibición indirecta de la variable calidad del agua. Aquí esta variable, a través de la promoción del ecoturismo, incrementa la economía local, lo cual fomenta el desarrollo de la infraestructura, lo cual ejerce una influencia adversa sobre la biodiversidad local, que al verse disminuida reduce también la calidad del agua.

Podemos obtener una capa adicional de información a partir del análisis visual y los conceptos de conectividad expuestos. La *componente de entrada* de la variable "calidad de agua" corresponde a la totalidad de vértices del sistema, mientras que la *componente de salida* corresponde a un conjunto de 5 vértices, más la variable focal misma (Fig. 5.5). Es decir, mientras la esfera de influencia de la calidad del agua alcanza el 50 % de los otros vértices del digrafo, su esfera de dependencia es bastante mayor, abarcando la totalidad del sistema.

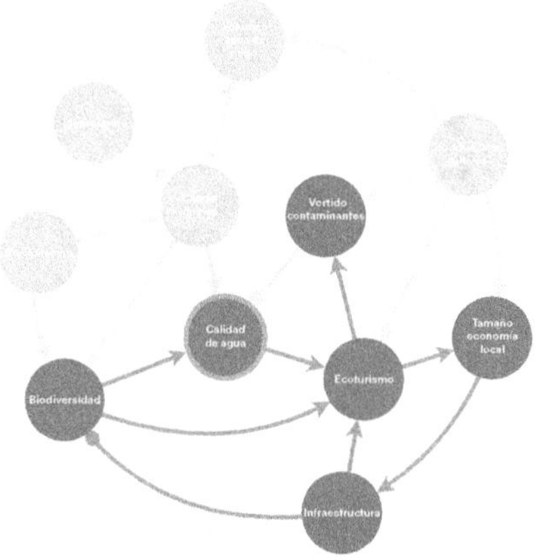

Figura 5.5: Componente de salida de la variable focal "calidad de agua".

Asumamos ahora que tenemos interés por comprender la influencia neta de la precipitación sobre la calidad de agua en el contexto de nuestro sistema modelo. En la Fig. 5.6 A y B, se destacan los caminos más cortos —de longitud 2— entre estos vértices en la dirección apropiada. Ambos son positivos. En la Fig. 5.6 C se muestra un camino positivo de longitud 3, mientras que en la Fig. 5.6 D se destaca un camino negativo de longitud 4. Existen además otros cuatro caminos desde "precipitación" hasta "calidad de agua", los cuales se muestran en las Fig. 5.7 A-D. Los cuatro caminos son negativos y presentan longitudes 5, 6,

7 y 8 respectivamente. En síntesis, la distancia desde el vértice "precipitación" hasta el vértice "calidad de agua" es de 2. Entre estos, existen tres caminos positivos de baja longitud (2-3) y cinco caminos negativos de longitud mayor (4-8), lo cual revela la predominancia de las influencias indirectas negativas que ejerce la precipitación sobre la calidad del agua. Los mecanismos por los cuales operarían estas influencias indirectas pueden explorarse por medio del análisis visual de los elementos que componen cada recorrido mencionado.

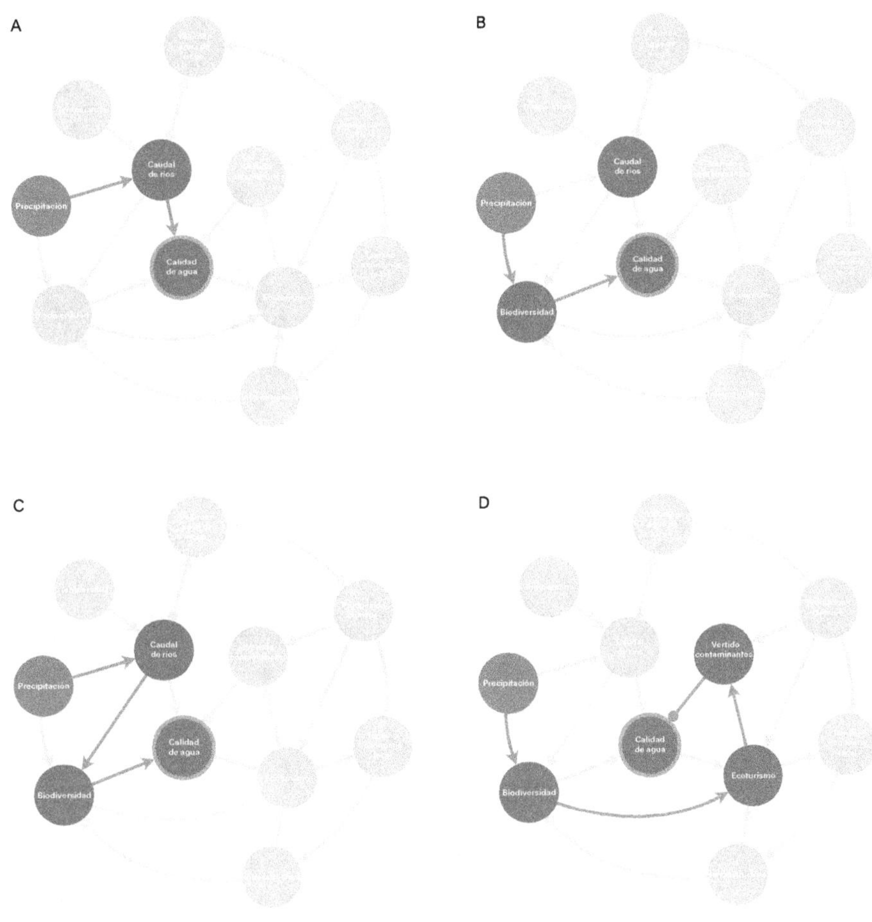

Figura 5.6: Análisis visual del sistema ejemplo: identificación de caminos desde la variable "precipitación" (en rojo) hasta la variable "calidad de agua" (perímetro cian).

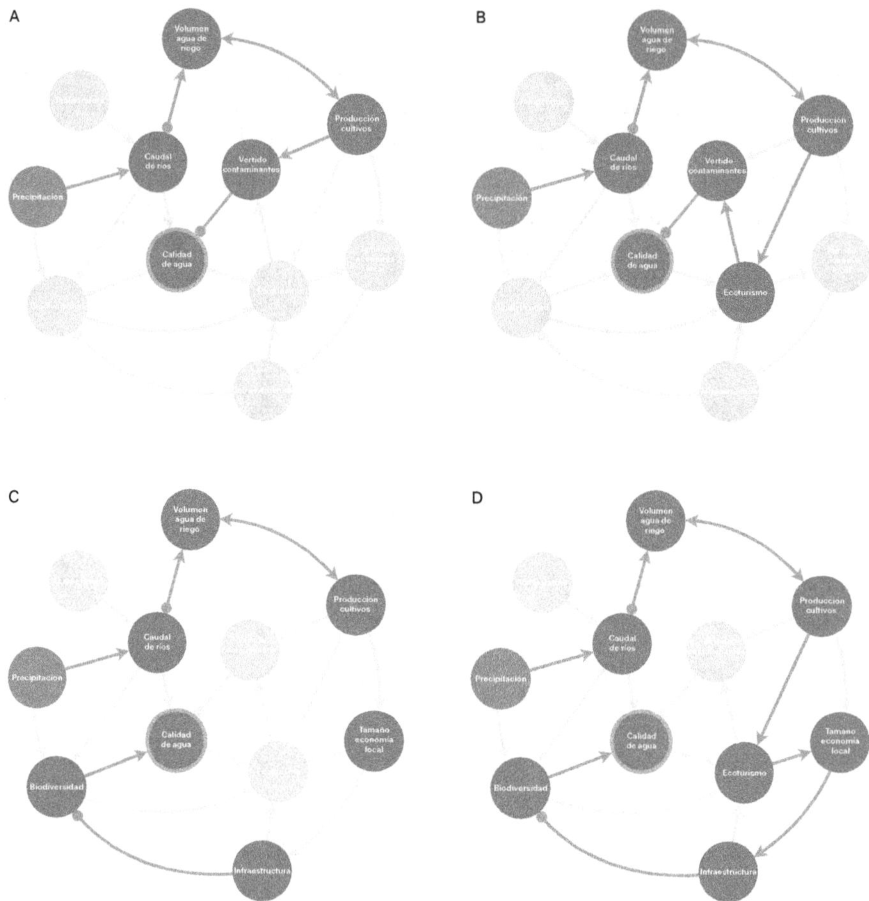

Figura 5.7: Análisis visual del sistema ejemplo: identificación de caminos desde la variable "precipitación" hasta la variable "calidad de agua"(continuación).

5.3 Análisis topológico

Existe un elevado número y variedad de métricas para caracterizar la *topología* de las redes, es decir, la disposición de sus elementos. Aquí ofrecemos una selección de aquellas métricas que son de uso más estándar y que son aplicables a una amplia gama de sistemas de estudio representados por medio de digrafos signados. Nos enfocamos en su explicación a nivel conceptual más que en su cálculo o en su definición formal. Para un análisis más profundo y extensivo de métricas para la caracterización topológica de redes, recomiendo al lector consultar textos especializados (e.g. Newman, 2018).

5.3.1 Métricas globales de red

Este tipo de métrica apunta a describir propiedades del sistema (red) como un todo. Estos descriptores adquieren su máxima utilidad cuando se calculan con fines comparativos, entre diferentes redes.

Medidas de cohesión

Como se sugiere en Borgatti et al. (2018), la palabra hispana "enredado" brinda una idea bastante cercana de lo que se entiende por una red *cohesiva*. Como analogía, podemos pensar en una red cohesiva como aquella que posee innumerables "cables" en su interior, sin orden aparente y que ofrece alta resistencia a desenredarse por medio de acciones simples. Esta idea de cohesión de red puede cuantificarse de muchas formas que relevan propiedades específicas del sistema. Las siguientes métricas se encuentran entre las más comunes.

Conectancia. También llamada *densidad*. Para un digrafo **G** con $n=$ número de vértices, es el número de arcos del digrafo, m, relativo al número máximo de arcos que puede contener el digrafo, m_{max}. Si consideramos las autoinfluencias, $m_{max} = n^2$, de lo contrario $m_{max} = n(n - 1)$. Si se quiere contemplar el signo de los arcos (disponible en digrafos signados) es posible computar una *conectancia positiva* $C^{(+)}$ y una *conectancia negativa* $C^{(-)}$. Así, las fórmulas para las tres medidas de conectancia serían: $C = m/m_{max}$, $C^+ = m^+/m_{max}$ y $C = m^-/m_{max}$ para conectancia total, positiva y negativa respectivamente.

Grado mediano. Es difícil utilizar la conectancia para comparar la cohesión de sistemas con marcadas diferencias de tamaño. Esto se debe a que la tendencia común es a que la conectancia sea menor en redes con más vértices. Por ello, resulta también útil el *grado mediano*, que es simplemente la mediana de los grados de todos los vértices de la red. Igual que en la medida anterior, es posible descomponer el grado total mediano $med(\delta^T)$ en grado positivo mediano $med(\delta^+)$ y grado negativo mediano $med(\delta^-)$. Estas métricas tienen la ventaja de ser muy intuitivas en su interpretación.

Compactación. Se interpreta como la cercanía promedio entre los pares de nodos del digrafo **G** y se calcula:

$$\kappa = \frac{\sum_{i,j} 1/d_{ij}}{n(n-1)},$$

para $i \neq j$, en que d_{ij} es la *distancia* desde el vértice v_j al vértice v_i. El inverso de la distancia —cercanía— se define $1/d_{ij} = 0$ si no existe un camino entre los vértices. Mientras mayor sea la compactación del sistema se entiende que es más cohesivo.

Robustez de conexidad. Esta medida apunta a estimar cuán difícil es desconectar el sistema y dividirlo en varias partes. Comúnmente, la *robustez de conexidad* se mide como el número de vértices (o de arcos) que deben ser removidos del digrafo **G** para aumentar el número de componentes conexas. Si el digrafo es conexo, entonces esta medida se reduce al número de vértices que deben removerse para transformar el digrafo en inconexo. La conexidad evaluada puede ser *fuerte* o *débil* (Sección 5.1.2) según la decisión que tome el analista en función de las características del sistema y las preguntas de estudio.

Medidas de forma

Son indicadores cualitativos del modo de organización relacional de los elementos del sistema. También existe —y continúa desarrollándose— un gran número y variedad de métricas que destacan diferentes aspectos de la forma de las redes. Aquí menciono una lista de indicadores aplicables a digrafos signados, que tienen una interpretación intuitiva y son útiles para muchos tipos de sistemas, sean naturales, sociales o socioecológicos.

Tamaño de la red. Es la medida más básica de una red. Corresponde al número de vértices del digrafo y es una primera aproximación a la complejidad del sistema. El tamaño de un digrafo **G** es igual al número de filas (y columnas) de su matriz de adyacencia **A**.

Diámetro de la red. Es la longitud máxima de los caminos más cortos entre todos los pares de vértices del digrafo. En otras palabras, es la menor distancia existente entre los vértices más distantes en el digrafo.

Reciprocidad. Parece natural preguntarse si la influencia ejercida desde un vértice v_j hacia un vértice v_i tiene asociada una influencia desde v_i hacia v_j. En otras palabras si los pares de vértices v_i y v_j en el digrafo **G** tienden a presentar influencias recíprocas, o bien las influencias entre pares de vértices en **G** tienden a ser unidireccionales. El índice de reciprocidad R se calcula como la fracción de arcos en el digrafo **G** que son reciprocados. Si v_j ejerce una influencia —positiva o negativa— sobre v_i, $|a_{ij}| = 1$. Si tal influencia es reciprocada, $|a_{ij}a_{ji}| = 1$. Entonces,

$$R = \frac{1}{m} \sum_{ij} |a_{ij}a_{ji}|$$

con $m = \sum_{ij} |a_{ij}| = $ número de arcos en **G**.

Redundancia. Es una medida de la prevalencia de influencias múltiples (i.e. paralelas) entre los mismos elementos del sistema. Estas influencias paralelas se manifiestan en caminos redundantes entre pares de vértices. Sugiero aquí dos medidas de redundancia para digrafos, basadas en Leistritz et al. (2013).

Redundancia simple: Definamos la matriz **P** de tamaño $n \times n \times L$ cuyas entradas p_{ijl} contienen el *número* de caminos de longitud $l = 1, 2, ..., L$ dirigidos desde v_j hacia v_i en **G**. La longitud L tiene un máximo de $n - 1$. Cada página l de **P** se calcula $\mathbf{P}_l = |\mathbf{A}|$. La *redundancia simple* R_P del digrafo **G** se define como el número total de caminos *de cualquier signo y de cualquier longitud* entre los pares de vértices en **G**.

$$R_P = \sum_{ijl} p_{ijl}$$

Redundancia signada. Definamos ahora la matriz **S** de tamaño $n \times n \times L$ cuyas entradas s_{ijl} contienen *la suma* —respetando los signos— de todos los caminos de longitud $l = 1, 2, ..., L$ dirigidos desde v_j hacia v_i. La longitud L tiene un máximo de $n - 1$. Si existe igual número de caminos positivos y negativos de longitud l desde v_j hacia v_i, estos se cancelan y $s_{ijl} = 0$. Cada página l de **S** se calcula $\mathbf{S}_l = \mathbf{A}^l$. La *redundancia signada* del digrafo **G** se define como el número total de caminos *del mismo signo y de cualquier longitud* entre los pares de vértices en **G**. Esta métrica es normalizada por R_P, el número total de caminos entre pares de vértices, quedando así en escala de 0 a 1.

$$R_S = \frac{1}{R_P} \sum_{ijl} |s|_{ijl}$$

Asortatividad. Se entiende por *asortatividad* la afinidad por los similares. A nivel de redes, los vértices exhiben asortatividad si tienden a estar conectados con vértices similares, en alguna propiedad definida. La más intuitiva y sencilla de las propiedades por la cual definir afinidad es el grado, es decir, si los vértices del digrafo **G** con alto grado tienden a estar conectados con otros vértices de alto grado y viceversa.

Sin embargo, en digrafos los vértices presentan grado de entrada δ^I y grado de salida δ^O, que definen el número de vecinos de entrada y de salida respectivamente (ver Sección 5.1.1).

Asortatividad de grado de influencia. Se denota por $\mathcal{A}_O$ y esta propiedad se presenta cuando los vértices v_i y v_j incidentes en los arcos a_{ij} se correlacionan positivamente en su grado de salida δ^O. Es decir, si los vértices con grado de salida alto tienden a estar conectados directamente con vértices con grado de salida alto y viceversa. En este caso, los vértices influyentes se conectan preferentemente entre sí. Si por el contrario la correlación es negativa, $\mathcal{A}_O < 0$, se presenta *disasortatividad de grado de influencia*.

$$\mathcal{A}_O = corr(\delta^O(v_i), \delta^O(v_j)), \forall\, a_{ij} \text{ con } i \neq j$$

Asortatividad de grado de dependencia. Se denota por $\mathcal{A}_I > 0$ y se presenta si los vértices v_i y v_j incidentes en los arcos a_{ij} se correlacionan positivamente en su grado de entrada δ^I. En este caso, los vértices dependientes se conectan preferentemente entre sí y viceversa. Si la correlación es negativa, $\mathcal{A}_I < 0$, se presenta *disasortatividad de grado de dependencia*.

$$\mathcal{A}_I = corr(\delta^I(v_i), \delta^I(v_j)), \forall\, a_{ij} \text{ con } i \neq j$$

Es recomendable que la correlación entre los grados —de entrada o salida— de los vértices incidentes a cada arco de **G** se mida mediante el coeficiente de correlación de Spearman o de Kendall (Van der Hoorn y Litvak, 2013). Para un apoyo gráfico al concepto de asortatividad, ver Fig. 5.8.

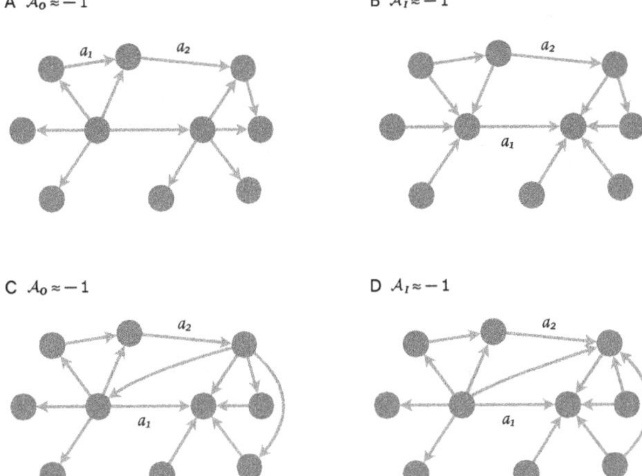

Figura 5.8: Asortatividad (A y B) y disasortatividad (C y D) en digrafos. En A los vértices más influyentes se conectan entre sí a través del arco a_1 y los vértices menos influyentes se conectan entre sí a través del arco a_2, por lo tanto, $\mathcal{A}_O \approx 1$. En B los vértices más dependientes se conectan entre sí a través del arco a_1 y los vértices menos dependientes se conectan entre sí a través del arco a_2, por lo tanto $\mathcal{A}_I \approx 1$. De modo opuesto, en (C y D) hay correlación negativa entre los grados de salida/entrada y por tanto $\mathcal{A}_O, \mathcal{A}_I \approx$ -1.

Centralización Con esta medida se estima el grado en que un digrafo es dominado por un único vértice (Borgatti et al., 2018). La centralización de un digrafo **G** se mide como la similitud de forma entre **G** y un *grafo estrella* con igual número de vértices que **G**. La comparación con un grafo estrella se debe a que estos grafos presentan la máxima centralización posible en un único nodo. Un grafo (no-dirigido) *estrella* es un grafo de n vértices, en que un vértice v_C (llamado central) tiene grado n - 1 y los n - 1 vértices restantes tienen grado 1. En el contexto de los digrafos, tanto una *estrella exterior* como una *estrella interior* son digrafos cuyos grafos asociados son una estrella (Fig. 5.9). En una estrella exterior todos los arcos tienen a v_C como cola. Por tanto, v_C tiene grado exterior $\delta^O(v_C) = n$ - 1 y grado interior $\delta^I(v_C) = 0$, mientras el resto de los vértices presenta $\delta^I(v_i) = 1$ y $\delta^O(v_i) = 0$. En una *estrella interior* todos los arcos tienen a v_C como cabeza. Por tanto, v_C tiene grado exterior $\delta^O(v_C) = 0$ y grado interior $\delta^I(v_C) = n$ - 1, mientras el resto de los vértices presenta $\delta^I(v_i) = 0$ y $\delta^O(v_i) = 1$.

Definimos la centralización interior/exterior como el grado de semejanza con una estrella interior/exterior. La centralización interior se expresa:

$$C_I = \frac{1}{(n-1)(n-2)} \sum_{i \neq C} \delta_C^I - \delta_i^O$$

Aquí, se computa la suma de las diferencias entre el grado de entrada de v_c y el grado de salida de los otros vértices. Luego se normaliza por la misma medida obtenida de un grafo estrella interior, $(n-1)(n-2)$. Aquí, v_c es el vértice *considerado* más central, que definimos como el vértice con mayor grado total.

Por otro lado la centralización exterior se expresa:

$$C_O = \frac{1}{(n-1)(n-2)} \sum_{i \neq C} \delta_C^O - \delta_i^I$$

donde se registra la suma de las diferencias entre el grado de salida de v_c y el grado de entrada de los otros vértices. Luego se normaliza por la misma medida obtenida de un grafo estrella exterior, que se obtiene como $(n-1)(n-2)$.

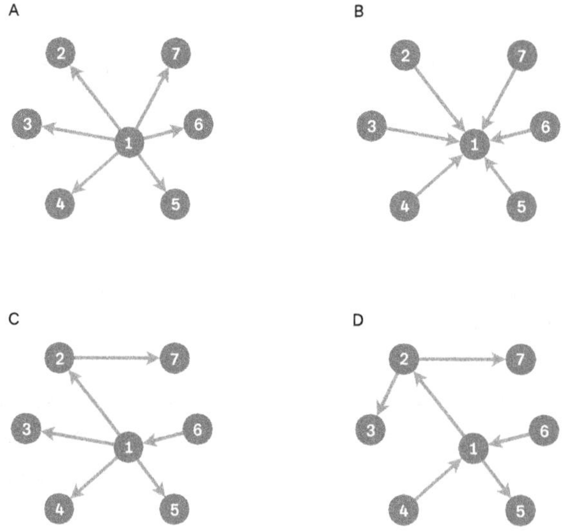

Figura 5.9: Centralización en digrafos. A) Digrafo estrella exterior, $C_O = 1$, $C_I = 0$. B) Digrafo estrella interior, $C_O = 0$, $C_I = 1$. C) Digrafo de ejemplo, $C_O = 0{,}63$, $C_I = 0{,}13$. D) Digrafo de ejemplo, $C_O = 0{,}27$, $C_I = 0{,}27$.

Otras métricas globales de redes. Existe un número de métricas que son importantes descriptores de la estructura global de redes de gran tamaño. Entre estas medidas, destacan la *distribución de grado*, la *modularidad*, el *anidamiento* y la *organización núcleo-periferia*. Normalmente, la estimación de estas métricas se realiza mediante algoritmos sofisticados implementados en diversos programas informáticos. En este texto no ahondaré en su utilización debido, fundamentalmente, a que apunto al análisis de sistemas de menor tamaño (hasta unas pocas decenas de elementos), donde su aplicabilidad es limitada. Invito al lector interesado en estas métricas a consultar textos especializados en ciencia de redes (e.g. Barabási, 2016; Latora et al., 2017; Newman, 2018).

5.3.2 Métricas locales de elementos: centralidad

Uno de los propósitos fundamentales al analizar un sistema es estimar la importancia relativa de sus elementos. Así, es posible identificar elementos más *centrales*, *importantes* o *prominentes* que otros en el sistema de interés. Desde una perspectiva sistémica, los elementos se definen esencialmente por sus relaciones con otros elementos. Así, la identificación de los elementos más importantes del sistema radica en la detección de aquellos que ocupan una *posición clave* en el sistema, en relación a otros del mismo sistema. Las medidas de centralidad están diseñadas para estimar esta importancia estructural de los elementos de una red. Cada métrica, asume diferentes criterios para cuantificar la importancia estructural de los vértices de una red (Borgatti y Everett, 2006). El analista deberá entonces, utilizar las diferentes métricas e interpretar su significado basándose en los conceptos subyacentes a tales criterios, no como un ejercicio automático de etiquetamiento.

Los índices de centralidad deben utilizarse para obtener un ordenamiento (i. e. ranking) de la importancia relativa de los vértices de un sistema, más que una medida cuantitativa absoluta de su importancia. Es decir, si a partir de una medida de centralidad se obtiene que las centralidades para los vértices v_1, v_2 y v_3 son 8, 0.8 y 0.4 respectivamente, esto no debe interpretarse como que v_1 es 10 veces más importante que v_2 y este último el doble de importante que v_3, sino solo que v_1 es más importante que v_2 y este último es más importante que v_3. A continuación revisaremos algunas de las medidas de centralidad más utilizadas en la literatura y que son particularmente útiles en el análisis estructural de sistemas representados por digrafos.

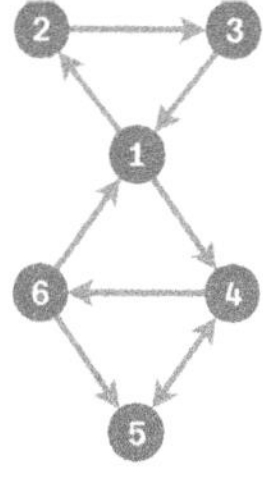

v	δ^I	δ^O	CC^I	CC^O	CI
1	2 (1)	2 (1)	0,56 (1)	0,63 (1)	13,5 (1)
2	1 (4)	1 (4)	0,42 (4)	0,36 (5)	4,00 (4)
3	1 (4)	1 (4)	0,33 (6)	0,45 (3)	4,00 (4)
4	2 (1)	2 (1)	0,56 (1)	0,45 (3)	10,0 (2)
5	2 (1)	1 (4)	0,45 (3)	0,33 (6)	0,50 (6)
6	1 (4)	2 (1)	0,42 (4)	0,56 (2)	6,00 (3)

Figura 5.10: Diferentes medidas de centralidad para los vértices v del grafo a la izquierda: grado de entrada (δ^I), grado de salida (δ^O), cercanía de entrada (CC^I), cercanía de salida (CC^O) e intermediación (CI). En cada entrada se muestra el valor del índice y el ranking entre paréntesis.

Centralidad de grado. La centralidad de grado o, simplemente, grado de un vértice es la medida más simple para cuantificar su importancia estructural como elemento del sistema. El grado de v_i indica con cuántos otros vértices v_j está conectado en forma directa. Esta medida de importancia es la que cuantifica más directa y simplemente el grado en que v_i está relacionado con los otros elementos del sistema. Es común que en muchos sistemas —ecológicos, tecnológicos y sociales— una pequeña fracción de los vértices de la red tengan un grado particularmente elevado y, por ello, ocupan un rol preponderante en la estructura del sistema. En síntesis, esta simple medida dice mucho de la importancia estructural de un elemento del sistema. En digrafos se define el grado de salida o grado exterior δ^O del vértice v_i como el número de recorridos de longitud 1 desde v_i hacia el resto de los vértices de **G** (Fig. 5.10). El grado exterior es una medida de la importancia de v_i en cuanto a su capacidad de *influir* en los elementos de **G**.

$$\delta_i^O = \sum_{j=1}^{n-1} (\mathring{\mathbf{A}})_{ji} \tag{5.2}$$

En esta ecuación, la marca $\mathring{\mathbf{A}}$ indica una matriz en que sus entradas $\mathring{a}_{ij} = \mathrm{abs}(a_{ij})$. Así, $\mathring{\mathbf{A}}$ contiene las mismas relaciones entre elementos que $\mathbf{A}$, preservando sus direcciones, pero no sus signos. De modo similar, podemos definir el grado de entrada o grado interior de v_i, δ^I, como el número de recorridos de longitud 1 que llegan a v_i desde el resto de los vértices del sistema (Fig. 5.10). Es una medida de la importancia de v_i en **G**, en cuanto su capacidad de ser influido por, es decir, de depender de, los otros elementos de **G**. Se representa como:

$$\delta_i^I = \sum_{j=1}^{n-1} (\mathring{\mathbf{A}})_{ij} \qquad (5.3)$$

Centralidad de cercanía. Mientras la centralidad de grado indica las influencias directas —ya sea entrantes o salientes— que un vértice presenta respecto de los otros vértices de la red, nada dice respecto de las influencias *indirectas*. Estas tienen una importancia crítica en diversos procesos que ocurren en redes de diferente naturaleza. Por ejemplo, la transmisión de información (e.g. noticias verdaderas o falsas), la propagación de enfermedades infecciosas o la diseminación de preferencias (viciosas o virtuosas) será más viral si pasan por actores (elementos o vértices) que poseen más relaciones directas e indirectas con los otros elementos de la red. Como es fácil imaginar, el número de relaciones indirectas de un vértice v_i es, por lo general, mayor que su número de relaciones directas. Esto ocurre toda vez que los vecinos directos de v_i tienen a su vez más de un vecino directo —distinto de v_i— en promedio. Por lo tanto, el grado de influencia total de un vértice suele estar fuertemente determinado por el número de relaciones indirectas. Ahora, a menudo el efecto de v_i sobre v_j es más agudo mientras más cercanos están ambos vértices. Es decir, se suele asumir que la intensidad de una influencia *se atenúa con la distancia* entre el vértice emisor y el vértice receptor de la influencia. Por ello, mientras más cercano se encuentre un elemento del resto de los elementos del sistema, más probable es que influya fuertemente sobre, o sea influido fuertemente por, otros elementos del sistema. La *centralidad de cercanía* es una medida de cuán cerca está un vértice respecto del resto de los vértices del grafo **G**. Tal cercanía se mide en términos de las geodésicas. Debido a que no todo vértice en **G** es necesariamente alcanzable por los otros vértices, las distancias —y la cercanía— se definen mejor dentro de componentes conexas de **G**. En los digrafos sus vértices tienen una centralidad de cercanía de entrada y otra de salida. La centralidad de cercanía de entrada representa cuán cerca se encuentra el vértice para otros vértices que forman parte de su esfera de dependencia (Fig. 5.10).

$$CC_i^I = \sum_{j \neq i \in \kappa(i)} \frac{m_i - 1}{d_{ij}} \qquad (5.4)$$

Se calcula considerando m_i como el número de vértices que contiene la componente conexa de v_i, kappa (i). Es importante recordar que d_{ij} representa la distancia geodésica desde el vértice v_j hasta el vértice v_i. La centralidad de cercanía de salida del vértice v_i representa cuán cerca de v_i están los otros vértices que conforman su esfera de influencia (Fig. 5.10). Se expresa como:

$$CC_i^O = \sum_{j \neq i \in \kappa(i)} \frac{m_i - 1}{d_{ji}} \tag{5.5}$$

Centralidad de intermediación. Esta es una medida muy interesante de la importancia estructural de un vértice. En contraste con la centralidad de grado y la de cercanía, la centralidad de intermediación atribuye importancia a los vértices en cuanto elementos vinculantes de la red. En otras palabras, es una medida de la importancia de un vértice como *puente* entre los pares de vértices en el digrafo **G** (White y Borgatti, 1994). Se define

$$CI_i = \sum_k \sum_j \frac{\rho(k, i, j)}{\rho(k, j)}, i \neq j \neq k \tag{5.6}$$

en que $\rho(k, j)$ es el número de geodésicas que existen desde v_j hasta v_k, y $\rho(k, i, j)$ es el número de geodésicas desde v_j hasta v_k que pasan a través de v_i en el digrafo **G**. Si se remueven vértices con alta centralidad de intermediación, la red corre el riesgo de resultar dividida funcionalmente y así perder completitud e integridad. El hecho de que existan pocos vértices con alta centralidad de intermediación significa que este grupo monopoliza la transmisión global de influencias dentro de la red.

En la Fig. 5.10 se muestra un digrafo de ejemplo y un conjunto de medidas de centralidad (de grado de entrada y salida, de centralidad de entrada y salida y de intermediación) para cada uno de sus vértices. Se puede notar en este ejemplo que el vértice 1 es el más importante estructuralmente, según las cinco métricas utilizadas. El vértice 4 comparte el primer lugar de importancia de acuerdo con sus valores de centralidad de grado de entrada, grado de salida y centralidad de entrada y ocupa el segundo lugar según su centralidad de intermediación. Por centralidad de cercanía de salida, el vértice 4 cae al tercer lugar de importancia, donde el vértice 6 aparece como el segundo más central después del vértice 1. La relativa importancia del vértice 6 se refuerza al notar su tercer lugar de importancia según su centralidad de intermediación. En síntesis, bajo el conjunto de las medidas de centralidad aplicadas en el ejemplo de la Fig. 5.10, el vértice 1 aparece como el más importante estructuralmente, seguido por los vértices 4 y 6.

Centralidad de Katz-Bonacich. El nivel de influencia que tiene un vértice v_i dentro del sistema representado por el digrafo $\mathbf{G}$ se puede medir por el grado de salida de v_i, $\delta^O(v_i)$ (ver Sección 5.1.1). El grado de salida corresponde al número de *recorridos* de longitud 1 desde v_i hacia los otros vértices de $\mathbf{G}$. Katz (1953) y luego Bonacich (1987) desarrollaron una medida para la influencia de un elemento v_i, a través del recuento no solo de los recorridos de longitud 1, sino también de los recorridos de cualquier longitud L que partan de v_i. Además, incorporan a esta métrica la noción de que v_i ejerce mayor influencia sobre sus vecinos inmediatos que sobre sus vecinos distantes. Así, la centralidad de Katz-Bonacich CKB_i da más peso a las influencias sobre los vértices más cercanos. Definimos entonces la *centralidad de Katz-Bonacich exterior* CKB_i^O como:

$$CKB_i^O = \sum_{L=1}^{\infty} \sum_{j=1}^{n-1} \alpha^{L-1} (|\mathbf{A}|^L)_{ji} \tag{5.7}$$

Definimos los valores de las entradas $(|\mathbf{A}|^L)_{ij}$ como el valor absoluto de las entradas $(\mathbf{A})_{ij}$. Las entradas $(|\mathbf{A}|^L)_{ij}$ de una matriz de adyacencia binaria, es decir, que consta solo de ceros y unos, elevada a una potencia L, devuelve el número de recorridos de longitud L desde v_j hasta v_i (ver Apéndice A). El parámetro $\alpha \in [0, 1]$ es conocido como parámetro de atenuación, e indica en qué fracción la influencia se atenúa con la distancia al vértice de origen. Cuando $\alpha = 0$, se cancela toda influencia que transita un recorrido más largo que uno,

$$CKB_i^O = \sum_{j=1}^{n-1} (|\mathbf{A}|^L)_{ji} = \delta^O(v_i) \tag{5.8}$$

y la centralidad de Katz-Bonacich exterior se reduce al grado de salida $\delta^O(v_i)$. Con $\alpha = 1$, las influencias no se atenúan con la distancia al origen y en este caso la centralidad de Katz-Bonacich exterior CKB_i^O es igual al número de recorridos en $\mathbf{G}$ que parten en v_i.

De modo similar, podemos definir el grado de dependencia de v_i de otros vértices, como su grado de entrada $\delta^I(v_i)$, que corresponde al número de recorridos de longitud 1 que parten desde todos los vértices de $\mathbf{G}$ y llegan a v_i. La *centralidad de Katz-Bonacich interior* es una medida de la dependencia de v_i que considera la totalidad de recorridos de cualquier longitud L que llegan a v_i, atenuados por su distancia al origen:

$$CKB_i^I = \sum_{L=1}^{\infty} \sum_{j=1}^{n-1} \alpha^{L-1} \left(|\mathbf{A}|^L\right)_{ij} \tag{5.9}$$

Una medida conceptualmente similar a la centralidad de Katz-Bonacich es la centralidad de autovector, la cual es mayor cuantas más conexiones tenga el vértice en cuestión con vecinos con más conexiones. De hecho, cuando α se aproxima a $1/\lambda_1$, donde λ_1 es el autovalor principal (i.e. de mayor valor) de la matriz $|\mathbf{A}|$, la centralidad de Katz-Bonacich es equivalente a la centralidad de autovector. Sin embargo, la centralidad de autovector no se puede calcular en todos los digrafos. Existen otras variantes de estas medidas, siendo la más conocida la centralidad de *PageRank* de Google.

En la Fig. 5.11 se muestran ejemplos de diferentes medidas del nivel de influencia de un vértice en una red. Puede notarse que la centralidad de Katz-Bonacich es una medida más sensible a la estructura de conexiones de la red.

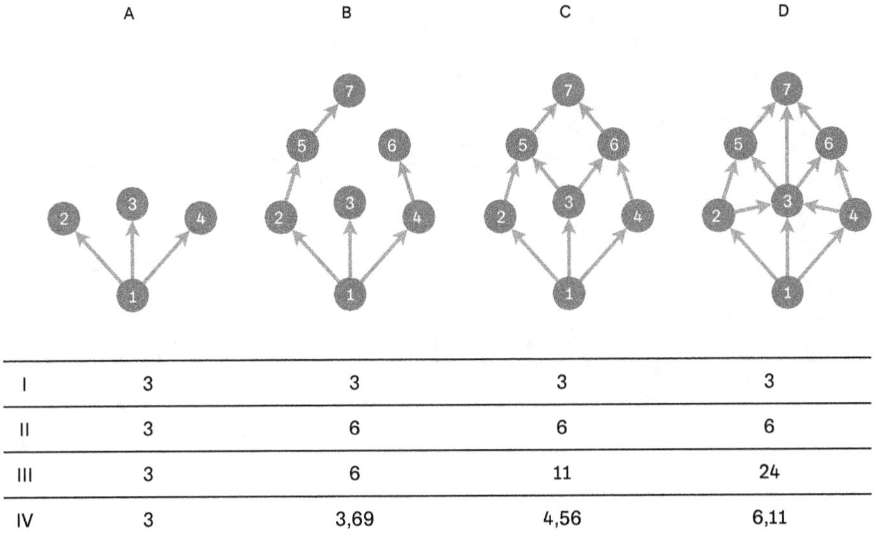

	A	B	C	D
I	3	3	3	3
II	3	6	6	6
III	3	6	11	24
IV	3	3,69	4,56	6,11

Figura 5.11: Varias formas de medir la influencia del vértice 1, en cuatro diferentes contextos (A-B). I. Centralidad de grado de salida. II. Número de elementos que componen el conjunto de vecinos de salida. III. Centralidad de Katz-Bonacich con $\alpha = 1$, que equivale al número de recorridos que parten del vértice 1. IV. Centralidad de Katz-Bonacich con $\alpha = 0,3$.

Capítulo 6

¿Cómo analizar las respuestas de un modelo de sistema?

6.1 Análisis de la dinámica de sistemas

El análisis de sistemas, desde la perspectiva de sus cambios internos frente a perturbaciones externas, es el más sofisticado que expongo en este texto. Sin embargo, el precio de la sofisticación conceptual y de cálculo se recompensa con creces por la utilidad de los resultados que ofrece. La técnica de análisis dinámico que se presenta en esta sección es, en buena medida, heredera de lo que el notable ecólogo matemático Richard Levins desarrolló y denominó *análisis de ciclos* y, de modo más general, *análisis cualitativo de sistemas complejos* (Puccia y Levins, 1985).

Si ya hemos construido un buen modelo de nuestro sistema de interés utilizando el formalismo de digrafos signados (Capítulo 4), hemos podido entonces conducir un análisis visual de su estructura (Sección 5.2) y luego llevar a cabo un análisis topológico de sus propiedades estructurales globales (Sección 5.3.1) y las de sus elementos (Sección 5.3.2). En esta sección, avanzaremos para presentar herramientas teóricas que permiten revelar algunas propiedades *dinámicas* del sistema de interés que emergen de su estructura, es decir, de los patrones de relaciones establecidos entre sus elementos.

El análisis dinámico de sistemas que presento, abarca: a) la evaluación de la estabilidad del sistema, b) la proyección de largo plazo, sobre todos los elementos del sistema, que resultaría de manipular un elemento particular del sistema y c) la proyección de las consecuencias sistémicas derivadas de aplicar una eventual medida de intervención planificada sobre un conjunto de elementos del sistema.

6.2 Estabilidad de un sistema

Ya hemos establecido que la representación del sistema de interés en un modelo de sistema bajo el formalismo de un digrafo signado es una representación del sistema en un *estado de equilibrio*. Esto implica asumir que los elementos del sistema mantienen un nivel razonablemente invariable en el tiempo. Tal estado de equilibrio, sin embargo, podría ser alterado por perturbaciones externas al sistema. Dicho de otro modo, un sistema, aunque se encuentre en equilibrio, es sensible a perturbaciones provenientes de su entorno. En un sistema que es perturbado sus elementos pueden cambiar de nivel.

Aquí cabe definir la estabilidad de un sistema como su propensión a retornar a su equilibrio original, luego de ser sometido a una perturbación. Para ilustrar el concepto de estabilidad de un sistema, pensemos en un sistema dinámico muy simple, compuesto de un único elemento caracterizado por su posición horizontal a lo largo de una línea. En la Fig. 6.1 se representa tal sistema, cuyo elemento componente es la esfera gris que puede moverse a la izquierda o a la derecha, dependiendo del relieve en que se sitúa (colinas y valles). En la Fig. 6.1A, la esfera se encuentra en descenso por una pendiente y, por ello, el sistema no se encuentra en equilibrio. En la Fig. 6.1B, en cambio, la esfera se encuentra en el un fondo de valle, en equilibrio, es decir sin movimiento espontáneo. Sin embargo, si este sistema es *levemente* perturbado a través de presionar la esfera hacia cualquiera de sus dos lados, esta tenderá a retornar a su posición de equilibrio. Este sistema se encuentra en equilibrio y ese equilibrio (posición de la esfera) es estable. En el caso ilustrado en la Fig. 6.1C, en cambio, aunque la esfera se encuentra en equilibrio (justo en la cima de una colina), este equilibrio es inestable puesto que una leve presión hacia uno de los lados de la esfera hace que esta se aleje aún más de su posición de equilibrio.

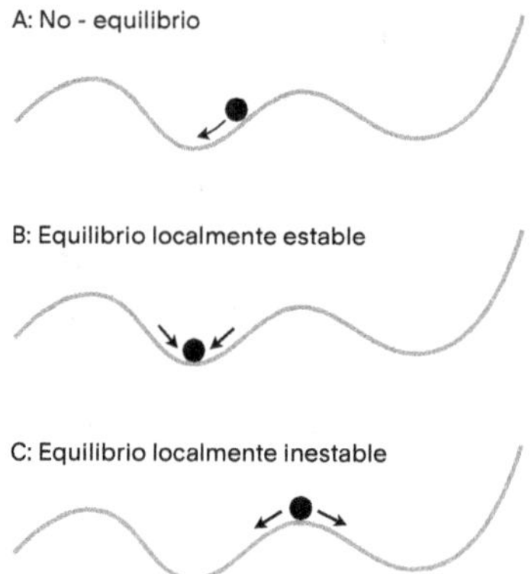

Figura 6.1: Ilustración del concepto de estabilidad en un sistema dinámico de una dimensión.

En un sistema más complejo, compuesto por varios elementos en interacción, el concepto es el mismo. Si el sistema se encuentra en equilibrio (i.e. con cada una de sus variables sin exhibir cambios significativos) y, tras una perturbación a uno o varios de sus elementos, el sistema tiende a retornar a su equilibrio; se dice que el sistema se encuentra en un equilibrio estable. Si por el contrario, la perturbación provoca que el sistema se aleje de su equilibrio, este se define como inestable.

Una nueva inspección a la Fig. 6.1B podrá advertir al lector que, si bien el equilibrio que se ilustra es estable, una perturbación más severa puede alejar la esfera más allá de la cima adyacente y, por lo tanto, en lugar de retornar a su equilibrio original, puede transitar a otro, en el fondo de un valle vecino. Esta

configuración con varios valles, técnicamente *cuencas de atracción*, que atraen
la esfera a sus fondos separados por cimas —*separatrices*— que dividen el comportamiento de las trayectorias del sistema, es típica de sistemas no-lineales.
Por esto, el concepto de estabilidad que aquí presentamos solo es válido para
sistemas no-lineales cuando la perturbación que se aplica al sistema es de baja
magnitud. Este concepto de estabilidad, entonces, solo es aplicable a la vecindad cercana al punto de equilibrio de referencia. Es, pues, una medida de la
estabilidad local del sistema en ese equilibrio.

Bajo este concepto, un sistema es estable no porque no sufra cambios, sino
porque es capaz de absorber el impacto producido por una perturbación y retornar a su estado original después de un determinado tiempo. Un sistema que no
exhibe cambios aparentes puede ser de hecho un sistema inestable. Por ejemplo, una torre elevada hecha de naipes puede mantenerse inalterada por un
tiempo indefinido si se la protege de cualquier objeto, brisa o movimiento que
pudiera desequilibrarla. Sin embargo, si se la perturba empujándola en un cos-
tado, probablemente caerá sin posibilidad de retornar a su estructura original.
En sistemas reales, lo más común es que estos sean periódicamente sometidos a
perturbaciones de diferente naturaleza: ataques a sus componentes, aumentos o
disminuciones en los niveles de sus elementos o magnitud de sus relaciones, etc.
En un mundo con vaivenes, cambios inesperados, riesgos, la permanencia de un
sistema expuesto a perturbaciones depende fundamentalmente de su capacidad de absorber los muchos e inevitables impactos, es decir, de su estabilidad.

Ahora, ¿cómo podemos estimar si el equilibrio en que se define el sistema es
localmente estable o, por el contrario, es localmente inestable? El método más
usual es a través de la inspección de los autovalores de la matriz de adyacencia
que define al sistema en el equilibrio. En particular, si el *autovalor principal*[6] es
negativo, el equilibrio es estable. De otro modo el equilibrio es inestable.

Los autovalores de la matriz **A** de tamaño $n \times n$ se calculan resolviendo la
denominada *ecuación característica* de **A**:

$$det(\mathbf{A} - \lambda\mathbf{I}) = 0$$

donde *det* es el determinante de una matriz e **I** es la matriz de identidad de tamaño $n \times n$. La expansión de esta ecuación genera un poliniomio de grado n, denominado *polinomio característico*, cuyas n raíces λ_1, λ_2... , λ_n son los autovalores (también llamados *valores propios*) de **A**. El Apéndice B muestra un ejemplo
pequeño para el cálculo paso a paso de los autovalores de un sistema. Para una

---

6 El autovalor principal de una matriz es aquel autovalor –sea negativo o positivo– con mayor valor
o, en caso de ser un número complejo, el que posee la parte real con mayor valor.

comprensión más profunda de la interpretación y cálculo de los autovalores de una matriz debe consultarse un texto de álgebra matricial. Afortunadamente, muchos programas computacionales orientados a asistir en matemática resuelven en un paso los autovalores de una matriz.

Existen varias otras medidas de estabilidad relacionadas con el concepto que presentamos previamente (ver Tabla 6.1). El lector interesado en profundizar estos conceptos y su aplicación en el campo de los sistemas ecológicos y socioecológicos puede consultar Pimm (1984); Grimm y Wissel (1997); McCann (2000); Ives y Carpenter (2007); Donohue et al. (2016); Kéfi et al. (2019).

Si el tiempo que tarda un sistema estable en retornar a su equilibrio tras una perturbación es breve, se dice que el sistema posee una elevada *resiliencia*. Si el sistema es estable, pero retorna lentamente a su equilibrio luego de una perturbación, tal sistema posee una *resiliencia* reducida. Si un sistema permanece inalterado por un largo periodo de tiempo, sin aludir explícitamente a una perturbación ni a una causa subyacente, decimos que el sistema exhibe una alta *invariabilidad*. Si un sistema no exhibe cambios como consecuencia de una perturbación presente, entonces decimos que el sistema es altamente *resistente*. Por otro lado, si un sistema mantiene con alta probabilidad o por largo tiempo su conjunto de elementos y conexiones, esto es signo de una alta *persistencia*. Finalmente, un sistema es más *robusto* a una perturbación especificada, mientras más probable es que mantenga acotada la variación de una propiedad definida durante un horizonte temporal especificado τ. A pesar de que existan muchas medidas de estabilidad, estas suelen estar correlacionadas, puesto que finalmente convergen en un mismo gran concepto: un sistema es estable si posee la capacidad de mantener acotadas las variaciones de sus propiedades estructurales y funcionales a través del tiempo, a pesar de sufrir perturbaciones externas. Esto le permitiría seguir siendo reconocido como *el mismo sistema* en un ambiente siempre cambiante. Este concepto es equivalente, o al menos cercano, al de *homeostasis del sistema*, utilizado por R. Levins (1998). Lo importante aquí es que la estabilidad u homeostasis de un sistema depende estrechamente de sus propiedades estructurales, es decir, de los patrones de relaciones entre sus elementos. Ahora bien, debido a que nuestra técnica de modelización utilizando digrafos signados da origen a un modelo especificado cualitativamente (sin valores de variables o parámetros del sistema y sin relaciones funcionales específicas) y, además, debido a que el sistema modelo se define en torno a un equilibrio, la noción de estabilidad más útil es la popular estabilidad local. El resto de las medidas exhibidas en la Tabla 6.1, o bien requieren especificaciones cuantitativas del modelo de sistema (resiliencia, invariabilidad, resistencia) o bien están definidas para perturbaciones de mayor magnitud (persistencia, robustez).

Medida de estabilidad	Pregunta asociada al sistema
Estabilidad local *	¿Retorna a su estado de equilibrio $\mathbf{x}^*$ luego de sufrir una leve perturbación?
Resiliencia	¿Cuán rápido retorna al estado $\mathbf{x}^*$ luego de sufrir una leve perturbación?
Invariabilidad	¿Cuán pequeño es su rango observado de variación temporal?
Resistencia	¿Cuán similares son los estados del sistema antes e inmediatamente después de sufrir una perturbación D definida?
Persistencia	¿Cuán probable es que el sistema mantenga su estructura invariable en un horizonte temporal definido?
Robustez	¿Cuán probable es que el sistema mantenga durante un tiempo τ definido una propiedad P definida tras ser sometida a una perturbación D definida?

Tabla 6.1: Diferentes medidas de estabilidad de sistemas, útiles mayormente en sistemas naturales, sociales y socioecológicos. *La estabilidad local también se denomina *estabilidad asintótica local* o *estabilidad asintótica*.

6.3 Análisis de efectos netos

Como ya he expuesto, los valores de centralidad de los vértices de un grafo —variables del sistema que representa— son indicadores valiosos de su relevancia como piezas de la estructura general del sistema. No obstante, la centralidad indica poco acerca de qué efecto tendría el aumento o disminución en los niveles de las variables sobre los estados —niveles— de las otras variables del sistema. El comportamiento o funcionalidad de un sistema natural, social o socioecológico es alterado comúnmente por cambios en los niveles de sus variables, más que por la pérdida o inactivación de estas. ¿Cuál es el efecto de aumentar el precio de la gasolina sobre la congestión vehicular?, ¿cuál es el efecto de aumentar los impuestos a las bebidas alcohólicas sobre el consumo de estas por menores de edad?, ¿cuál es el efecto de disminuir el uso de pesticidas sobre la producción agrícola?, ¿cuál es el efecto de aumentar el número de colmenas de abejas de miel sobre la biodiversidad terrestre? Este tipo de preguntas, centrales para el estudio del comportamiento de los sistemas, su pronóstico y sus respuestas a intervenciones, no se pueden abordar solamente a partir de un estudio estático de sus estructuras. Son preguntas acerca de la dinámica de sistemas, la cual está, sin duda, asociada íntimamente a la estructura de estos de manera no trivial.

Consideremos un sistema compuesto por 6 variables a modo de ejemplo. Supongamos que estamos interesados en cómo respondería la variable 6 a posibles cambios en el nivel de la variable 3 (Fig. 6.2 A), así como a posibles cambios en el nivel de la variable 4 (Fig. 6.2 B) y de la variable 2 (Fig. 6.2 C). Para especificar mejor las preguntas, diremos que estamos interesados en evaluar los cambios de largo plazo esperados en la variable 6, producto de un incremento sostenido de las variables 3, 4 y 2.

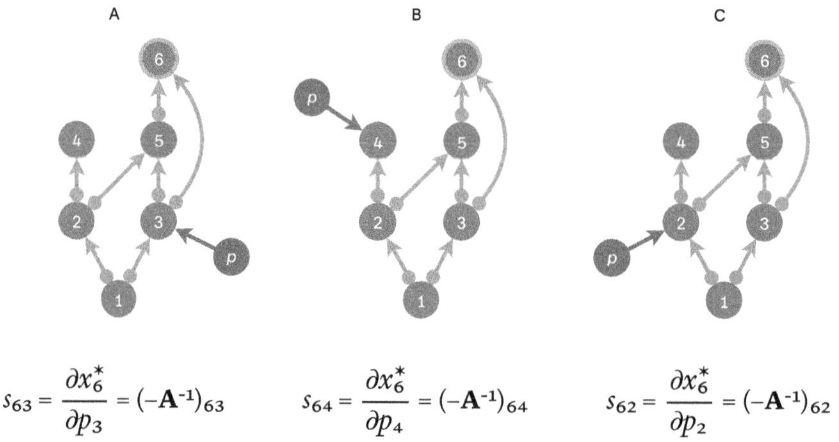

$$s_{63} = \frac{\partial x_6^*}{\partial p_3} = (-\mathbf{A}^{-1})_{63} \qquad s_{64} = \frac{\partial x_6^*}{\partial p_4} = (-\mathbf{A}^{-1})_{64} \qquad s_{62} = \frac{\partial x_6^*}{\partial p_2} = (-\mathbf{A}^{-1})_{62}$$

Figura 6.2: Sistemas sujetos a presión externa (p) en uno de sus elementos. En todos los casos se pretende evaluar la respuesta del elemento 6 (con perímetro cian) a una presión sobre el elemento 3 (A), 4 (B) o 2 (C). Bajo cada dígrafo se presenta la fórmula para el cálculo del efecto neto (sensibilidad) respectivo.

No es fácil determinar tales efectos entre niveles de variables, puesto que en un sistema con un mínimo de complejidad, sus elementos (variables) están relacionados causalmente por influencias tanto directas como indirectas.

Volviendo a nuestro sencillo ejemplo de la Fig. 6.2, la influencia de la variable 3 sobre la variable 6, dada la estructura de red del sistema, puede trazarse a través de varios caminos (efectos parciales), a saber:

$3 \to 6$, influencia directa positiva
$3 \to 5 \to 6$, influencia indirecta positiva
$3 \to 1 \to 2 \to 5 \to 6$, influencia indirecta negativa

¿Cómo puede entonces conocerse el efecto neto de la variable 3 sobre la 6, más aún cuando no se conoce la magnitud de cada uno de los efectos directos componentes de los caminos en que la variable 3 influye en la variable 6? Consideremos ahora la influencia neta de la variable 4 sobre la 6, representada en la Fig., 6.2 B. Esta influencia —siempre indirecta— también puede descomponerse en 3 caminos:

$4 \rightarrow 2 \rightarrow 1 \rightarrow 3 \rightarrow 6$, influencia indirecta positiva
$4 \rightarrow 2 \rightarrow 1 \rightarrow 3 \rightarrow 5 \rightarrow 6$, influencia indirecta positiva
$4 \rightarrow 2 \rightarrow 5 \rightarrow 6$, influencia indirecta negativa

Nuevamente, los signos de los caminos que definen las influencias de la variable 4 sobre la 6 no son homogéneos, lo que sumado al desconocimiento de las magnitudes relativas de cada influencia directa, no permite descifrar el efecto neto de la variable 4 sobre la 6. Finalmente, la influencia de la variable 2 sobre la 6 (Fig. 6.2 C) tiene tres caminos componentes, nuevamente de signos opuestos:

$2 \rightarrow 1 \rightarrow 3 \rightarrow 6$, influencia indirecta negativa
$2 \rightarrow 1 \rightarrow 3 \rightarrow 5 \rightarrow 6$, influencia indirecta negativa
$2 \rightarrow 5 \rightarrow 6$, influencia indirecta positiva

La estimación de los efectos netos de aumentar (o disminuir) el nivel de una variable sobre el nivel de otra variable en un sistema se realiza a través del cálculo de la sensibilidad s_{ij} de una variable v_i a los cambios en una variable v_j (Nakajima, 1992).

$$s_{ij} = \frac{\partial x_i^*}{\partial p_j} = \left(-\mathbf{A}^{-1}\right)_{ij} \tag{6.1}$$

La ecuación (6.1) muestra cómo la sensibilidad s_{ij} se obtiene a través de la *inversión* de la matriz de adyacencia negativa (ver detalles en Apéndice C). En forma más precisa, la sensibilidad s_{ij} es una métrica que indica cuál es el efecto para la variable v_i de aumentar el nivel de la variable v_j en forma sostenida mediante la aplicación de una presión p_j a esa variable. Bajo esta aproximación, suponemos que el sistema se encuentra en torno a un equilibrio estable y luego se aplica una presión sostenida sobre v_j que consiste en aumentar —o disminuir— en forma persistente en el tiempo una fracción del nivel de v_j. Producto de esta perturbación, el sistema adopta un nuevo equilibrio, que en forma general implica que sus variables adquieren un nuevo nivel de equilibrio. Finalmente, se evalúa cuánto y en qué dirección se realizó el cambio en el nivel de equilibrio x_i^* de la variable de interés v_i. La sensibilidad s_{ij} indica el cambio en x_i^* por unidad de presión p_j, integrando todos los efectos directos e indirectos que intervienen en el sistema. En la Fig. 6.2 se muestran los tres ejemplos de sistemas sometidos a presión en uno de sus elementos, así como sus fórmulas respectivas para el cálculo de la sensibilidad de la variable 6 a la presión en otra de las variables del sistema.

Un aspecto tan interesante como complejo es que el efecto neto s_{ij} de v_j sobre v_i no solo depende de los signos de los caminos que relacionan v_j con v_i, sino también del conjunto de influencias entre variables que no participan en dichos caminos. Estas variables representan lo que se han denominado los *subsistemas complementarios* a los caminos de v_j a v_i. Esto quiere decir que el reconocimiento de los caminos entre las variables de interés, aunque sus signos sean conocidos y consistentes, no brinda información suficiente para saber el efecto neto entre esas variables. Tal efecto depende de la dinámica integrada del sistema completo, que es capturada por medio de la inversión matricial de la ecuación (6.1). Para un tratamiento más detallado de este tema puede consultarse Puccia y Levins (1985) y Dambacher et al. (2003).

Volviendo a nuestro ejemplo de la Fig. 6.2, aplicando la fórmula (6.1) obtenemos las sensibilidades $s_{63} = 0{,}35$, $s_{64} = 0{,}06$ y $s_{62} = -0{,}06$. Luego de normalizar los valores de las celdas de la matriz de sensibilidad $\mathbf{S} = [s_{ij}]$, para transformarlos a cantidades entre 0 y 1, obtenemos $\hat{s}_{63} = 0{,}5$, $\hat{s}_{64} \approx 0$ y $\hat{s}_{62} \approx 0$, donde $\hat{s}_{ij}$ representan los valores normalizados de s_{ij}. Estos números sugieren que el efecto neto de la variable 3 sobre la 6 es positivo, mientras que los efectos de las variables 4 y 2 sobre la 6 son despreciables. La interpretación de este resultado es que una perturbación sostenida del nivel de equilibrio de las variables 4 o 2 no se espera que genere cambios en el valor de equilibrio de la variable 6. En cambio, nuestro resultado nos indica que un aumento sostenido del nivel de equilibrio de la variable 3 genera un aumento en el nivel de equilibrio de la variable 6 o, de forma equivalente, una disminución sostenida de la variable 3 genera una disminución en el valor de equilibrio de la variable 6.

A partir de la matriz de sensibilidades cuyos elementos están definidos en la ecuación (6.1), pueden efectuarse diversos análisis que revelan la importancia dinámica de las variables sobre la base de sus influencias recíprocas directas e indirectas (ver Apéndice D).

6.3.1 Aleatorización de la magnitud de influencias

Nuestro foco es la estimación cualitativa de los efectos netos entre variables del sistema de interés. Es decir, nos interesa saber si un aumento o disminución de una variable v_j causa una elevación, una disminución o un efecto nulo en otra variable v_i. Esto es, buscamos obtener un signo válido para s_{ij}. Sin embargo, los valores de s_{ij} son dependientes de los valores de las entradas de $\mathbf{A}$, a_{ij} que asumimos en nuestro modelo. Recordemos que las entradas de $\mathbf{A}$, a_{ij}, representan el efecto directo de la variable v_j sobre la variable v_i. Así, por ejemplo, si asumimos un efecto positivo de v_j sobre v_i y un efecto negativo de v_i sobre v_j, consecuentemente con nuestra modelización cualitativa asignaremos a las entradas de $\mathbf{A}$ los valores a_{ij}=1 y a_{ij}=-1. Con estos valores (y todos los otros en las entradas de $\mathbf{A}$), calcularemos las sensibilidades s_{ij}. Pero es posible que una asignación de valores ligeramente diferente, como por ejemplo a_{ij}=1,13 y a_{ij}=-0,85 genere diferentes valores de s_{ij} y s_{ji}. Por este motivo, y para abarcar múltiples escenarios de valores posibles de a_{ij}, es aconsejable introducir cierto nivel de variación aleatoria en las entradas de $\mathbf{A}$. Hay tres aspectos primarios que tener en cuenta a la hora de elegir cómo se introduce la variación aleatoria en las entradas de $\mathbf{A}$. Primero, se debe considerar qué tipo de distribución de probabilidad está asociada a los valores de a_{ij}. ¿Es una distribución gaussiana?, ¿es una distribución log-normal?, ¿es simétrica? Segundo, necesitamos considerar si existe correlación entre los valores de a_{ij}. Por ejemplo, si aumento la influencia directa de v_i sobre v_j, ¿aumenta o disminuye la influencia en sentido inverso en caso que exista, de v_j sobre v_i? o, acaso, ¿pueden todas las influencias considerarse independientes entre sí? El tercer aspecto a considerar es la magnitud de la variación en torno a los valores iniciales de a_{ij}. En otras palabras, ¿qué subconjunto del total de valores posibles de a_{ij} queremos explorar? En buena parte de los casos de análisis probablemente no dispondremos de información o teoría para establecer el tipo de distribución de probabilidad asociada a las entradas de $\mathbf{A}$. En tal caso lo más parsimonioso será asumir una distribución uniforme centrada en los valores iniciales de a_{ij}. Si no se tiene evidencia o teoría para determinar correlación entre los valores de las entradas, deberíamos asumir su independencia. Por último, la decisión de cuánta variación aleatoria introducir comúnmente es arbitraria, explorándose magnitudes estándar como ±10 %, ±25 % o ±50 % de los valores iniciales de a_{ij}, en caso de elegir distribuciones de probabilidad uniforme.

Ya definidos los aspectos anteriores sobre cómo obtener los valores aleatorios para las entradas de $\mathbf{A}$, corresponde definir cuántas *realizaciones* se ejecutarán, es decir, cuántos conjuntos de valores para las entradas de $\mathbf{A}$ se obtendrán.

Generalmente, el número de realizaciones no compromete un tiempo de cómputo excesivo, por lo que puede optarse por un número r de realizaciones suficiente para obtener resultados estables. Para esto conviene hacer experimentos preliminares, aunque una cantidad entre $r = 10^3$ y $r = 10^4$ realizaciones suele ser apropiada. Con esto, se obtendrá una matriz de sensibilidad $\mathbf{S}$ para cada realización (conjunto de valores aleatorios de $\mathbf{A}$). Luego, hay que establecer la forma en que se procesarán y presentarán los resultados de estas aleatorizaciones. A partir de la lista de r valores de s_{ij}, lo común es obtener una medida de tendencia central ($\bar{s}_{ij}$) y una medida de dispersión para cada entrada de $\mathbf{S}$. Buenos ejemplos de medidas de tendencia central y dispersión son el promedio ± error estándar y la mediana ± rango intercuartil.

Por último, y dado que no nos interesa demasiado el valor numérico de las sensibilidades sino un valor cualitativo, resulta conveniente convertir los valores de tendencia central en variables categóricas con un significado directo y fácil de comunicar. Con ese fin, primero normalizamos los valores de las entradas de $\mathbf{S}$ para dejarlos entre 0 (para el mínimo de s_{ij}) y 1 (para el máximo de s_{ij}). Tomando los valores normalizados $\hat{s}_{ij}$, estos se categorizan. Aquí se propone utilizar el siguiente sistema de categorización: a) Para valores $0 \leq \hat{s}_{ij} < U_L$ y $-U_L < \hat{s}_{ij} \leq 0$, categorizar como $s_{ij}^c = 0$, que representa un efecto despreciable (nulo). b) Para valores $U_L \leq \hat{s}_{ij} < U_H$, categorizar como $s_{ij}^c = 1$, que representa un efecto neto positivo débil. c) Para valores $-U_H < \hat{s}_{ij} \leq -U_L$, categorizar como $s_{ij}^c = -1$, que representa un efecto neto negativo débil. d) Para valores $U_H \leq \hat{s}_{ij}$, categorizar como $s_{ij}^c = 2$, que representa un efecto neto positivo fuerte. e) Para valores $\hat{s}_{ij} \leq -U_H$, categorizar como $s_{ij}^c = -2$, que representa un efecto neto negativo fuerte. Los valores umbral U_L y U_H los fija el analista. Aquí se utiliza $U_L = 0,05$ y $U_H = 0,6$.

En la Tabla 6.2 se muestran los valores calculados de efectos netos para 1.000 aleatorizaciones (realizaciones). Se muestran, para tres rangos de variación aleatoria de **A**, los valores promedio, error estándar, promedio normalizado y categoría, de acuerdo al sistema propuesto más arriba. Como puede apreciarse, las sensibilidades s_{63} y s_{62} exhiben valores categóricos robustos a la variación aleatoria impuesta experimentalmente, lo que no sucede con s_{64}, cuyo valor categórico cambia de 0 a 1 al aumentar la magnitud de la variación de las entradas de **A**.

Variación	S_{ij}	Promedio	EE	Normalizado	Categoría
	s_{63}	0,35	–	0,5	1
–	s_{64}	0,06	–	0	0
	s_{62}	-0,06	–	0	0
	s_{63}	0,35	5,4e-3	0,5	1
0,9 – 1,1	s_{64}	0,06	3,9e-3	0,003	0
	s_{62}	-0,06	3,8e-3	-0,003	0
	s_{63}	0,34	0,005	0,58	1
0,5 – 2,0	s_{64}	0,09	0,004	0,1	1
	s_{62}	-0,08	0,003	-0,09	0

Tabla 6.2: Resultados del análisis de efectos netos del ejemplo de la Fig. 6.2. Se utilizaron 3 niveles de amplitud del rango de valores aleatorios (primera columna) y para cada sensibilidad de interés se muestra: el promedio sobre 1.000 realizaciones, el error estándar (EE), el promedio normalizado y su categoría: nulo (0), débil (1 o -1) y fuerte (2 o -2).

6.4 Análisis de escenarios: APEP

Con las herramientas analíticas presentadas en las secciones anteriores, ahora paso a exponer una forma más compleja de análisis de un sistema: el desarrollo de un *análisis proyectivo de escenarios de perturbación* (APEP[7]) del sistema de interés. Dicho análisis consiste en realizar *proyecciones* (ver definiciones en esta sección) de cambios que puede experimentar el sistema a causa de una *perturbación*.

7 El acrónimo APEP aquí utilizado coincide con el nombre Apep, que fue una deidad del antiguo Egipto, también llamada Apophis, asociada al caos y la oscuridad (Fig. 6.5).

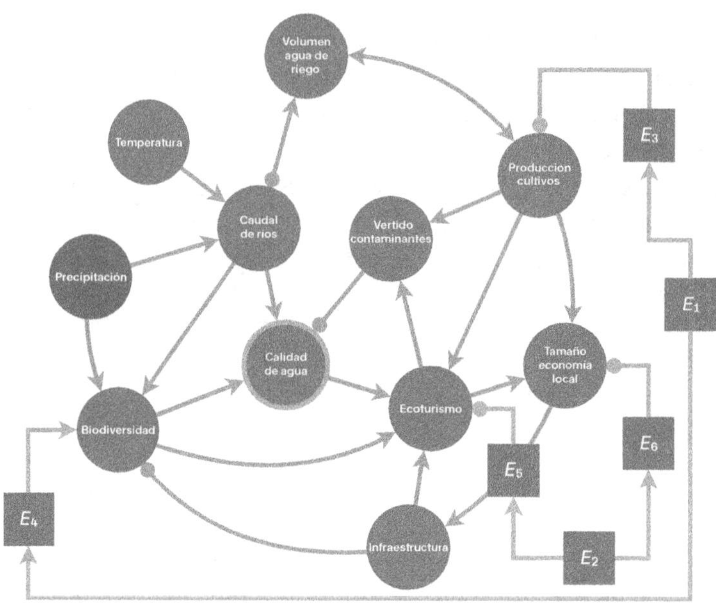

Figura 6.3: Seis escenarios de perturbación (E_1 a E_6) aplicados a nuestro sistema modelo como ejemplo. El escenario E_1 consiste en la aplicación de los escenarios E_3 y E_4 simultáneamente: una disminución en el nivel de producción de cultivos agrícolas y un aumento en el nivel de biodiversidad local (por ejemplo, al declarar zonas de protección). El escenario E_2 consiste en la aplicación de los escenarios E_5 y E_6 simultáneamente: una disminución de los niveles tanto de la actividad ecoturística como de la economía local en sí. Los escenarios E_3 a E_6 corresponden a presiones sobre variables únicas en el sistema. Suponemos que nuestro interés se centra en el mejoramiento de la calidad del agua. Los escenarios de perturbación se traducen a conjuntos de presiones, ilustradas con arcos en cian negativos ($E_i \rightarrow v_i$) o positivos ($E_i \rightarrow v_i$) sobre las variables del sistema modelo.

6.4.1 Algunas definiciones relativas al APEP

A continuación presento un pequeño conjunto de conceptos relacionados con la conducción de un análisis proyectivo de escenarios de perturbación (APEP) de un sistema y, de forma más general, con la previsión de los estados de un sistema.

1 Perturbación: conjunto de presiones exógenas ejercidas simultáneamente sobre ciertas variables del sistema. Estas presiones tienen un carácter sostenido y actúan modificando (aumentando o reduciendo levemente) los niveles de las variables impactadas.

2   Escenarios de perturbación: alternativas plausibles de perturbación sobre un sistema que podrían ocurrir o ser implementadas en el futuro. Los escenarios de perturbación se presentan a menudo en conjunto, a fin de comparar las *proyecciones* del sistema sometido a estos escenarios y, así, utilizar esta información en la toma de decisiones. En la Fig. 6.3 se muestran cuatro escenarios de perturbación sobre nuestro sistema modelo que ha servido de ejemplo.

3   Predicción: declaración acerca de lo que se estima será observado en el futuro. En una *predicción científica* dicha estimación es un proceso conducido a partir de la evidencia o la teoría (conocimiento) disponible. Además, una predicción científica se especifica supeditada a la existencia de un conjunto de condiciones del sistema y su entorno. Es interesante notar que una predicción es acerca de *observaciones futuras*, no necesariamente de hechos futuros.

Para los propósitos de este libro, una predicción está orientada a anticipar cambios esperados del estado del sistema bajo condiciones endógenas (del sistema) y exógenas (del entorno) especificadas. Por *estado del sistema* me refiero al conjunto de niveles de sus variables componentes en un instante determinado. Existen varios tipos de predicciones utilizadas en ciencia. A continuación presento algunos de los tipos más comunes (ver Fig. 6.4).

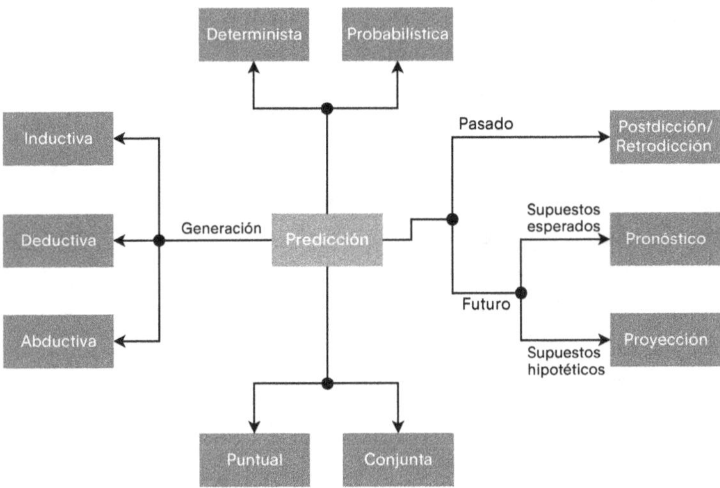

Figura 6.4: Una clasificación de los diferentes tipos y significados de predicción.

En la predicción probabilística se asigna una probabilidad a el o los posibles resultados. Indica, por tanto, la probabilidad de que un estado sea observado. Al contrario, una predicción determinista propone cuál es *el* estado esperado del sistema, sin una probabilidad de ocurrencia asociada.

Una predicción es puntual cuando para un sistema y un conjunto de condiciones se anticipa un único estado posible. Por el contrario, una predicción es conjunta cuando el resultado esperado incluye un conjunto especificado de estados posibles.

De acuerdo al modo o proceso en que la predicción fue generada, esta puede ser inductiva, deductiva o abductiva. Una predicción inductiva se genera con base en un registro de observaciones que se analiza por métodos estadísticos o de minería de datos. Una predicción deductiva se genera a partir de principios teóricos que se aplican al sistema específico que se está estudiando. En otras palabras, una predicción deductiva se deriva lógicamente del funcionamiento conocido del sistema y de las condiciones endógenas y exógenas asumidas. Una predicción abductiva, finalmente, se genera en forma relativamente espontánea o natural por el analista, como una construcción de una consecuencia plausible y parsimoniosa del sistema y sus condiciones. De esta tres formas en que puede generarse una predicción, la abductiva es a menudo considerada la más débil, pues no se basa ni en evidencia (como la inductiva) ni se deriva lógicamente del hechos aceptados (como la deductiva). Mientras el poder de la predicción inductiva descansa en los datos disponibles, el de la predicción deductiva se fundamenta en el conocimiento disponible. Presento otros tipos de predicción que, por su relevancia conceptual, trataré por separado a continuación.

4 Pronóstico: corresponde a una predicción acerca de eventos que ocurrirán en el futuro. Un pronóstico está orientado a anticipar, a partir de datos registrados o de la teoría disponible, qué cambios experimentará el sistema de interés y cuál será su intervalo temporal de ocurrencia. Se especifica también el conjunto de condiciones que se espera ocurran en el sistema y su entorno, que permiten o promueven la ocurrencia de los cambios esperados. Por ejemplo, la temperatura máxima de mañana sobrepasará los 30°C.

5 Postdicción o retrodicción: es una forma de predicción que se caracteriza porque los hechos a predecir ocurrieron en el pasado, aunque estos no fueron observados o al menos su observación no es conocida. En este tipo de predicción se busca descifrar, desde hechos del presente, qué ocurrió en el pasado y bajo qué condiciones. Un ejemplo sería: la muerte de aves acúaticas observada recientemente fue causada por la liberación aguda de metales pesados desde los sedimentos, ocurrida en la estación pasada.

6 Proyección: es una predicción de los cambios esperados en el estado del sistema de interés, *suponiendo* la ocurrencia de un conjunto especificado de condiciones plausibles del sistema y su entorno. La principal diferencia entre un pronóstico y una proyección radica en la naturaleza de sus supuestos. En un pronóstico los supuestos son condiciones *esperadas*, conforme al conocimiento y la evidencia disponibles. Por el contrario, en una proyección sus supuestos corresponden a condiciones plausibles pero *hipotéticas*, que no necesariamente se espera que ocurran. Estas condiciones hipotéticas a menudo se utilizan como *escenarios* alternativos, cuyas proyecciones asociadas sirven para fines de planificación y toma de decisiones. Por ejemplo, si se consolida el teletrabajo en Occidente, la industria de las mascotas aumentará en forma drástica.

Figura 6.5: Apep, deidad egipcia que representa el caos.

Un APEP consiste entonces en efectuar proyecciones de los estados de nuestro sistema de interés, bajo el supuesto de que será sometido a un conjunto de escenarios de perturbación, los cuales actúan como condiciones del entorno del sistema. La consideración comparativa de los resultados de dichas proyecciones permite identificar cuál de los escenarios alternativos resulta más adecuado para los fines de nuestro estudio.

Un APEP responde preguntas del tipo: ¿cómo cambiará el sistema de interés si suceden las condiciones especificadas en E_1? y ¿cómo cambiaría el sistema si ocurren E_2, E_3, etc.?

Los escenarios de perturbación pueden interpretarse básicamente desde dos perspectivas. En la primera, un escenario de perturbación es interpretado como un conjunto de condiciones plausibles del entorno, fuera de nuestro control, que podrían suceder y ejercer influencias sobre nuestro sistema de interés. Ejemplos de estas perturbaciones son incendios, variaciones del valor de la moneda local, conflictos sociales, entre otros. En la segunda perspectiva, un escenario de perturbación es entendido como un conjunto de *medidas de gestión* o *acciones* que pueden voluntariamente ejercerse sobre el sistema con el propósito de modificar sus estados futuros. Por ejemplo, la explotación planificada de un recurso, la incorporación de recursos para un fin social definido, el incremento planificado en impuestos, etc. Los escenarios del primer tipo, que llamaremos escenarios de trayectoria, son útiles en el ámbito del análisis de riesgos, para prever comportamientos posibles del sistema y planificar anticipadamente medidas de adaptación o mitigación a sus eventuales cambios. Así, una vez que hayan señales confiables de cuál de los escenarios de trayectoria se manifestará con más probabilidad, las medidas de gestión apropiadas, planificadas previamente, se pueden implementar de forma oportuna. Los escenarios del segundo tipo, que llamaremos escenarios de intervención, corresponden a fórmulas de gestión alternativas para conseguir un objetivo específico respecto del estado del sistema. Estas alternativas de gestión se ponen a prueba mediante la proyección de estados del sistema sujeto a cada una de estas medidas (conjunto de condiciones exógenas). El escenario que produzca el estado resultante que más se acerque a la meta propuesta se identifica como la medida de gestión más eficaz. Si, alternativamente, lo que se desea es optimizar el costo-efectividad se debe valorizar la eventual aplicación de cada uno de los escenarios de intervención alternativos, efectuar la proyección de los estados del sistema y elegir la alternativa que maximice el cociente resultado/costo.

La conducción de análisis de escenarios, tanto de trayectoria como de intervención, sobre un sistema de interés, resulta altamente funcional para la toma de decisiones. Un análisis de escenarios de trayectoria, por un lado, permite prever posibles cambios del sistema producto de eventuales perturbaciones de naturaleza incierta. Esta previsión permite la planificación anticipada de medidas de gestión del sistema, lo cual posibilita una toma de decisión oportuna acerca de cuál medida aplicar.

Por otro lado, un análisis de escenario de intervención permite identificar la medida de gestión más efectiva o más eficiente y, por lo tanto, promueve la toma de decisión informada acerca de qué gestión aplicar que sea más apropiada que otras para acercarse a un objetivo determinado.

6.4.2 Toma de decisiones en la resolución de problemas sistémicos.

La toma de decisión es el proceso de selección de una alternativa dentro de un conjunto de dos o más alternativas disponibles. La alternativa seleccionada es considerada como la mejor, conforme a los objetivos especificados en el problema en el cual se enmarca la decisión. Generalmente, una decisión se motiva por un problema y, más aún, una correcta toma de decisión es parte crucial de la *resolución del problema*. Las habilidades intelectuales y técnicas conducentes a la resolución de problemas y a la toma de decisiones son herramientas preciadas tanto para el desempeño profesional como para la vida personal. La toma de decisiones, por otro lado, es una habilidad esencial para el desarrollo y ejercicio del liderazgo y la gestión, en un amplio espectro de actividades.

Retomando la definición adoptada, vemos que la toma de decisión es un *proceso*, puesto que se compone de una secuencia ordenada de etapas, que se presentan en la Fig. 6.6 y se detallan más adelante en el texto. Sin embargo, la fase central del proceso corresponde a la selección de una entre varias alternativas. Más comúnmente, las alternativas corresponden a acciones, medidas o comportamientos. Entonces, primero se debe disponer del conjunto de alternativas sobre el cual se realizará la decisión. En problemas simples, la existencia de alternativas no evaluadas constituye el problema mismo. Por ejemplo, la decisión puede ser del tipo ¿compro zapatos negros o café?, ¿cito a reunión a las 9, a las 11 o a las 14 horas?, ¿voto por declararlo culpable o inocente?, ¿me someto a un aborto o no? En tal tipo de decisiones, las alternativas son preexistentes y la resolución del problema equivale a la identificación de la mejor opción. En cambio, en otro tipo de problemas, generalmente más complejos, las alternativas hay que generarlas. Por ejemplo, ¿qué medidas adoptar para disminuir la deserción escolar en la ciudad?, ¿cómo aumentar la motivación por participar en las próximas elecciones políticas del país? o ¿de qué manera podemos promover la calidad del agua en el sistema representado por el modelo del la Fig. 4.14?. Un APEP es especialmente apropiado para abordar este tipo de problemas complejos, generar las alternativas de solución a través del planteamiento de escenarios de intervención en el sistema y, finalmente, para efectuar la toma de decisión basada en la proyección de los estados del modelo de sistema. La selección de una alternativa sobre el espectro de alternativas presentadas se basa en un contraste sistemático entre la evolución esperada del sistema y los objetivos del problema, considerando los costos y restricciones de la implementación de cada escenario.

El APEP y, en especial, el análisis de escenarios de intervención basado en proyecciones de los estados del sistema aparece como una herramienta particularmente útil para la toma de decisiones complejas en el ámbito de los sistemas naturales, sociales y socioecológicos. Sin embargo, en tales situaciones, actualmente es poco recomendable que las decisiones se adopten de acuerdo a la intuición, la experiencia o el ensayo y error. Tales fundamentos son en extremo subjetivos y, por lo mismo, poco replicables, lo que implica un gran margen de incertidumbre y riesgo. Esto, con cierta justificación, genera serias dudas respecto de la idoneidad de implementar las decisiones adoptadas, especialmente, si existen costos implicados.

La evaluación *a priori* de una decisión se lleva a cabo sin observar aún las consecuencias de implementarla. En este contexto, una *buena decisión* es necesariamente una *decisión informada*. Esto es, una decisión en la que cada una de sus etapas se fundamenta en evidencia, ya sea de hechos o de teoría. Cuando esta decisión informada se realiza, además, mediante procedimientos sistemáticos, replicables por otros tomadores de decisiones, y cuando para la selección de la mejor alternativa se utilizan métodos y conocimientos validados por la comunidad científica (como la modelización de sistemas), este proceso conforma lo que se conoce como toma científica de decisión, la cual se prefiere sobre otras formas de toma de decisión, por garantizar procedimientos y resultados de menor subjetividad, riesgo e incertidumbre. El APEP es un procedimiento que permite conducir apropiadamente procesos de toma científica de decisión en el marco de problemas complejos en sistemas naturales, sociales y socioecológicos.

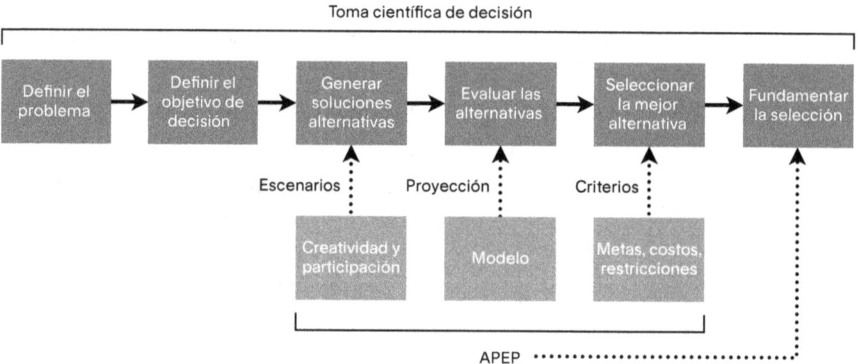

Figura 6.6: Esquema del proceso de toma científica de decisión y del rol del APEP dentro del mismo. Las cajas grises representan las etapas fundamentales del proceso de toma de decisión. Las cajas naranja representan factores que en el curso de un APEP promueven la ejecución de las etapas correspondientes de la toma científica de decisión.

Etapas del proceso de toma científica de decisión

A continuación presento una secuencia de pasos que definen lo esencial del proceso de toma científica de decisión. Para cada etapa, se presenta, destacado en cursivas, la aplicación correspondiente en relación a nuestro sistema de ejemplo de la Fig. 4.14.

1   Definir el problema: El primer paso consiste en definir el problema de la manera más clara y concreta posible, a menudo en forma de una pregunta. Esto posibilitará una correcta ejecución de las etapas posteriores. Por ejemplo, *¿qué intervención implementar para mejorar la calidad del agua en el sistema?*

2   Definir el objetivo de decisión: Esta etapa busca identificar, como meta principal, los cambios que se desean promover en el estado del sistema y las condiciones de contexto en las que estos se deben conducir. Lo anterior se traduce en determinar a qué variables del sistema se les busca aumentar o disminuir su nivel y cuáles son los costos y restricciones permitidos o no tolerados en la intervención. Por ejemplo, *elevar el nivel de calidad del agua, minimizando los costos y efectos laterales adversos en el sistema. Las restricciones son no elevar la contaminación ni disminuir la biodiversidad.*

3   Generar alternativas: En este paso se proponen diferentes alternativas o rutas de acción que razonablemente constituyan eventuales soluciones para alcanzar el objetivo de decisión. Estas alternativas corresponden a *escenarios de intervención.* De ser posible, es productivo utilizar procedimientos participativos para promover la generación de escenarios de intervención como alternativas plausibles de solución. Por ejemplo, *se contemplan 6 alternativas (E_1 - E_6) que se presentan en la Fig. 6.3 como escenarios de intervención.*

4   Evaluar cada alternativa: Esta etapa consiste en estimar los *pros* y los *contras* de cada alternativa.

> **Pros:** Se realiza una estimación del grado de coincidencia entre los resultados de la proyección del modelo y el objetivo principal de decisión definido previamente. Por ejemplo, *los resultados de la proyección del sistema de ejemplo se muestran en la Fig. 6.7.* La proyección arroja que cinco de los seis escenarios de intervención conducen a un incremento en la calidad del agua. En los escenarios E_1 y E_3 el aumento es fuerte, mientras en el resto de los escenarios el aumento de la calidad del agua es débil. El escenario E_4 proyecta, en cambio, una disminución de la calidad de agua.

Contras: Se realiza una estimación de costos de diversa naturaleza asociados a la implementación de las acciones que componen cada escenario. Estos costos incluyen el costo financiero de implementar las acciones, el costo asociado a efectos laterales no deseados en las variables del sistema, el costo político, costos de imagen y costos emocionales de implementar los escenarios, violación de las restricciones planteadas, etc. Por ejemplo, *un recuento cualitativo de los costos de los escenarios* E_1 *-* E_6 *se muestra en la Tabla 6.3.*

Utilidad: Finalmente, se estima la utilidad o valor de cada alternativa, a través de ponderar los pros y los contras de cada escenario, obteniendo una estimación del balance de implementar cada escenario de intervención. Por ejemplo, *los escenarios* E_1, E_4 *y* E_6 *se descartan, pues violan la restricción de no aumentar la contaminación. Además el escenario* E_4 *no mejora la calidad del agua. El escenario* E_2 *resultó conservador, en el sentido de que promueve un aumento débil de la calidad del agua y de la biodiversidad, con costos laterales en economía local e infraestructura. El escenario* E_3 *es un escenario agresivo, que proyecta fuertes aumentos en la calidad del agua y del ecoturismo, a costa de un detrimento en el riego y la producción, así como en el tamaño de la economía y la infraestructura. Finalmente, el escenario* E_5 *promueve una disminución débil de la contaminación y un aumento también débil de la biodiversidad, a costa de disminuir el ecoturismo, la economía local y la infraestructura. Los escenarios* E_1 *y* E_2 *son alternativas más complejas que las otras, ya que anidan los escenarios* E_3 *-* E_4 *y* E_5 *-* E_6 *respectivamente. Consecuentemente, sus costos de implementación son mayores.*

5   Seleccionar la mejor alternativa: Una vez considerados los pros y los contras de las diferentes alternativas (escenarios), se procede a la decisión propiamente tal. Este paso crucial consiste en elegir, basado en el análisis previo, una alternativa (escenario de intervención) que se considera como la mejor, de acuerdo al objetivo de decisión. Por ejemplo, *a partir de la utilidad relativa de cada escenario de intervención considerado, se elige el escenario* E_3.

6   Fundamentar y documentar la decisión tomada: Esta etapa final consolida una correcta toma de decisión informada. Una decisión tendrá poco valor si no es posible exponerla y defenderla efectivamente. Debido a esto, es necesario que se documenten los argumentos racionales, la evidencia empírica y teórica, así como las consideraciones de contexto, sobre las cuales se fundó la toma de decisión. Esta acción debería realizarse tan pronto como la decisión se toma y su registro debe ser transparente, riguroso, preciso y documentado. De este modo, los interesados podrán entender mejor la decisión, se justifica su implementación, se favorece la apropiación por terceros y la adopción de actitudes constructivas para su utilización en la resolución de problemas y la gestión.

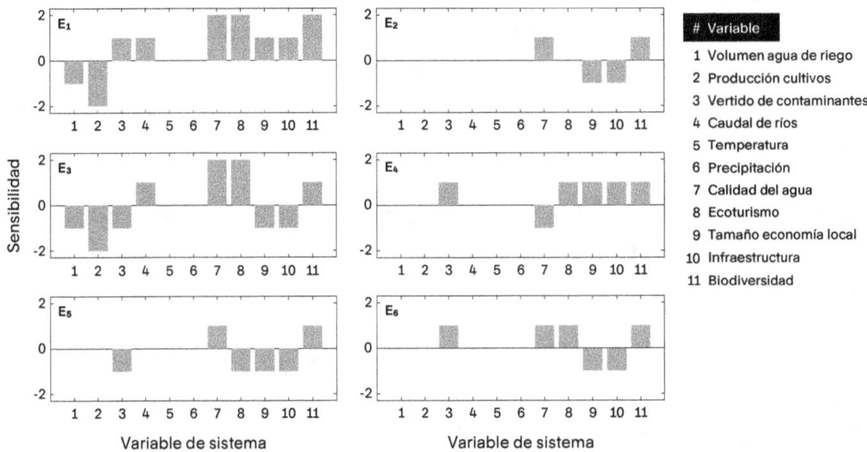

Figura 6.7: Resultados de un análisis prospectivo de escenarios de intervención (APEP), para los 6 escenarios (E_1 - E_6) que se muestran en la Fig. 6.3. Las barras representan la proyección cualitativa de cambio en cada variable del sistema (1 - 11) como consecuencia del escenario de intervención respectivo. Las variables se listan en la tabla a la derecha.

Escenario	Implementación	Promedio	Categoría
E_1	Alto	3	Sí
E_2	Alto	2	No
E_3	Bajo	4	No
E_4	Bajo	2	Sí
E_5	Bajo	3	No
E_6	Bajo	3	Sí

Tabla 6.3: Costos de implementación, efectos laterales no deseados y violación de restricciones de los escenarios de intervención propuestos en el ejemplo de Fig. 6.3.

6.4.3 Cómo conducir un APEP

El análisis proyectivo de escenarios de perturbación (APEP) es una extensión del análisis de efectos netos, presentado en la Sección 6.3, aplicado al proceso de toma de decisión en el marco de la resolución de un problema.

En este proceso (ver Fig. 6.6) lo primero es definir el problema focal y, a partir de esta definición, enunciar el objetivo de decisión. El proceso de toma de decisión prosigue con la generación de alternativas de decisión, que corresponde a la generación de escenarios de intervención. Posteriormente, cada escenario de intervención se evalúa comparativamente para estimar su utilidad y así adoptar la mejor decisión. El APEP permite, a través del cálculo de proyecciones del estado del sistema, evaluar la idoneidad de cada escenario de intervención propuesto.

El elemento distintivo que se utiliza en el APEP consiste en construir, para cada escenario de intervención, un nuevo sistema intervenido $\mathbf{A}^I$ a partir del sistema original que representa $\mathbf{A}$. Este nuevo sistema incluye un elemento adicional, que representa la perturbación especificada en el escenario de intervención que se proyecta. La perturbación se representa en un vector de $n \times 1$ elementos $\mathbf{E} = [e_i]$, donde las entradas e_i representan las presiones sobre el elemento de sistema v_i, que conforman la perturbación. El sistema perturbado $\mathbf{A}^I$ se ensambla de la siguiente forma:

$$
\mathbf{A}^I =
\left(
\begin{array}{c|c}
\mathbf{A} & \begin{matrix} e_1 \\ \vdots \\ e_n \end{matrix} \\
\hline
0 \cdots 0 & 0
\end{array}
\right)
\tag{6.2}
$$

Con esta matriz, se realizan los procedimientos descritos en la Sección 6.3 para sistemas no perturbados. Así, a la matriz $\mathbf{A}^I$ se aplica la ecuación (6.1) a $\mathbf{S}$. Se realizan r aleatorizaciones de $\mathbf{A}^I$ desde las cuales se obtiene la matriz de sensibilidad promedio $\bar{\mathbf{S}}$. Los resultados de la proyección se leen en $[\bar{s}_{1,n} \cdots \bar{s}_{n\text{-}1,n}]^\mathrm{T}$, es decir, en la última columna (la columna n) de $\bar{\mathbf{S}}$, desde la primera hasta la penúltima fila (i.e. desde fila 1 hasta fila $n-1$). Cada elemento $\bar{s}_{i,n}$ de ese vector se interpreta como el efecto neto de la perturbación (i.e. conjunto de presiones) modelizada en el escenario de intervención correspondiente, sobre la variable de sistema v_i.

Aplicación al caso ejemplo

Para nuestro ejemplo volvemos a considerar el sistema socioecológico de la Fig. 4.14. El problema focal se enuncia como: *¿Qué intervención implementar para mejorar la calidad de agua en el sistema?* A partir de la definición del problema, se enuncia el siguiente objetivo de decisión: *elevar el nivel de calidad del agua, minimizando los costos y efectos laterales adversos en el sistema, sujeto a las siguientes restricciones: no elevar la contaminación ni disminuir la biodiversidad en el sistema.* El proceso de toma de decisión prosigue con la generación de alternativas de decisión, que corresponde a la generación de escenarios de intervención. Aquí planteamos (Fig. 6.2) seis escenarios de intervención, que se definen en los siguientes vectores:

$$\mathbf{E_1} = [0\ {-1}\ 0\ 0\ 0\ 0\ 0\ 0\ 0\ 1]^T \tag{6.3}$$
$$\mathbf{E_2} = [0\ 0\ 0\ 0\ 0\ 0\ 0\ {-1}\ {-1}\ 0\ 0]^T \tag{6.4}$$
$$\mathbf{E_3} = [0\ {-1}\ 0\ 0\ 0\ 0\ 0\ 0\ 0\ 0]^T \tag{6.5}$$
$$\mathbf{E_4} = [0\ 0\ 0\ 0\ 0\ 0\ 0\ 0\ 0\ 1]^T \tag{6.6}$$
$$\mathbf{E_5} = [0\ 0\ 0\ 0\ 0\ 0\ 0\ {-1}\ 0\ 0\ 0]^T \tag{6.7}$$
$$\mathbf{E_6} = [0\ 0\ 0\ 0\ 0\ 0\ 0\ 0\ {-1}\ 0\ 0]^T \tag{6.8}$$

Por ejemplo, el escenario $\mathbf{E_1}$ consiste en una presión negativa sobre la variable de sistema v_2 (producción de cultivos) y una presión positiva sobre la variable v_{11} (biodiversidad). Reemplazando $\mathbf{E_1}$ en la ecuación (6.2),

$$\mathbf{A}_1^I = \left(\begin{array}{c|c} \mathbf{A} & \mathbf{E_1} \\ \hline 0 \cdots 0 & 0 \end{array} \right) \tag{6.9}$$

que se expande a:

$$\mathbf{A}_1^{I} = \left(\begin{array}{ccccccccccc|c}
-1 & 1 & 0 & 1 & 0 & 0 & 0 & 0 & 0 & 0 & 0 & 0 \\
1 & -1 & 0 & 0 & 0 & 0 & 0 & 0 & 0 & 0 & 0 & -1 \\
0 & 1 & -1 & 0 & 0 & 0 & 0 & 1 & 0 & 0 & 0 & 0 \\
-1 & 0 & 0 & -1 & 1 & 1 & 0 & 0 & 0 & 0 & 0 & 0 \\
0 & 0 & 0 & 0 & -1 & 0 & 0 & 0 & 0 & 0 & 0 & 0 \\
0 & 0 & 0 & 0 & 0 & -1 & 0 & 0 & 0 & 0 & 1 & 0 \\
0 & 0 & -1 & 1 & 0 & 0 & -1 & 0 & 0 & 0 & 1 & 0 \\
0 & 1 & 0 & 0 & 0 & 0 & 1 & -1 & 0 & 1 & 0 & 0 \\
0 & 1 & 0 & 0 & 0 & 0 & 0 & 1 & -1 & 0 & 0 & 0 \\
0 & 0 & 0 & 0 & 0 & 0 & 0 & 0 & 1 & -1 & 0 & 0 \\
0 & 0 & 0 & 1 & 0 & 1 & 0 & 0 & 0 & -1 & -1 & 1 \\ \hline
0 & 0 & 0 & 0 & 0 & 0 & 0 & 0 & 0 & 0 & 0 & 0
\end{array}\right) \tag{6.10}$$

Ahora se aplica la ecuación (6.1):

$$\mathbf{S}_1 = \left(-\mathbf{A}_1^{I}\right)^{-1} \tag{6.11}$$

El efecto de la intervención del escenario E_1 (ver Fig. 6.3) sobre cada variable del sistema se lee en $[(s_1)_{1,n} \; ... \; (s_1)_{n\text{-}1,n}]^{\mathrm{T}}$. Para incorporar el efecto de la incertidumbre en valores de parámetros de $\mathbf{A}^{I}$ se pueden aleatorizar sus entradas y aplicar la ecuación (6.11) tras cada aleatorización, para obtener el vector $[(\bar{s}_1)_{1,n} \; ... \; (\bar{s}_1)_{n\text{-}1,n}]^{\mathrm{T}}$ con los promedios sobre las r aleatorizaciones.

Finalmente, los valores de $(\bar{s}_1)_{in}$ se categorizan en efectos negativos/positivos (-/+) y en débiles (1 o -1), fuertes (2 o -2) o nulos (0) de la perturbación sobre cada variable del sistema (ver Sección 6.3). Estos resultados, para cada uno de los escenarios $\mathbf{E}_1$ a $\mathbf{E}_6$, se presentan en la Fig. 6.7. Tras un análisis de la utilidad de los escenarios, se selecciona como mejor alternativa la planteada en el escenario $\mathbf{E}_3$, es decir, ejercer una inhibición a la producción agrícola.

Capítulo 7

La modelización de sistemas en la educación escolar

7.1 La urgencia de una nueva educación

Nuestros tiempos se caracterizan notablemente, entre otros aspectos, por: **a)** una explosión en la generación de datos e información —de diversa calidad y base—; **b)** relacionado al punto anterior, la elevada tasa de obsolescencia de conocimientos, tecnologías, prácticas y aproximaciones a problemas, tanto en el ámbito personal como en el laboral; **c)** la digitalización de la sociedad, lo cual genera una capacidad de intercomunicación masiva casi instantánea y hace potencialmente disponible las enormes masas de datos e información; **d)** una elevada tasa de cambios a la que se ven expuestas las personas en su ocupación laboral —especialmente marcada para la *generación Y*[8] y posteriores—; **e)** la robotización de la industria.

La sociedad cambia aceleradamente mientras, en simultáneo, las personas cambian con alta frecuencia sus roles en la sociedad. Lo anterior hace que a la súperabundancia creciente de datos e información existente, se añada el que los usos que una persona debe dar al conocimiento muten de manera constante y acelerada. A la vez, las máquinas sustituyen a las personas en tareas rutinarias, en las que no se requiere creatividad ni adaptación ni toma de decisiones complejas. Ante este escenario vertiginoso cabe preguntar: ¿cuáles son los aprendizajes verdaderamente relevantes que deben adquirir los nuevos ciudadanos?, ¿qué tipos de contenidos pueden considerarse que serán de utilidad permanente en su vida futura? Este contexto, que vivimos ahora y muy probablemente seguiremos viviendo por largo tiempo, demanda un tipo de educación diferente, bastante distinta, a la que domina en la mayor parte de los países de Iberoamérica.

Hoy, a los estudiantes no se les debería exigir ser almacenes de datos o información. En cambio, deben desarrollar habilidades para buscar, acceder, evaluar, seleccionar y usar la información en la literatura y las bases de datos, fundamentalmente digitales. Los estudiantes necesitan desarrollar capacidades para aprender continua y eficientemente a acceder a nuevos conocimientos cuando lo requieran. Deben saber diferenciar la información confiable de aquella información de dudosa fiabilidad. Deben ser capaces de adaptarse con fluidez y naturalidad a nuevos desafíos intelectuales. Deben desarrollar capacidades para plantear y resolver colectivamente problemas de la vida diaria. Deben ser capaces de proyectarse en su imaginación y creatividad para idear respuestas y soluciones fuera de lo establecido. Deben prepararse no para competir con robots sino para diferenciarse de ellos. Todo lo anterior permite construir felicidad en el ejercicio de la libertad en conexión armónica con la sociedad y el mundo natural.

8 La *generación Y*, o generación *millennial*, a modo grueso se compone de las personas nacidas entre los inicios de la década de los 80 y hasta mediados de los 90.

La educación moderna se enfoca en desarrollar aprendizajes en los ámbitos del *conocer*, del *hacer* y del *ser*. La educación tradicional puso mucho énfasis en el conocer, en la acumulación de saberes basada en el almacenamiento de hechos y procesos como motor de la comprensión de la realidad y como habilitador para el desempeño en la sociedad. Actualmente, se prefiere disminuir el énfasis en el *conocer* para incrementar la importancia relativa de los ámbitos del *hacer* y del *ser*. El hacer transita hacia el desarrollo, por parte de los estudiantes, de habilidades interdisciplinarias complejas. Las llamadas *habilidades para el siglo XXI* constituyen un conjunto relativamente consensuado de las habilidades necesarias para la vida y transversales a los futuros ocupacionales de los estudiantes (Gut, 2011; Bialik y Fadel, 2015; Fadel et al., 2015). En la Tabla 7.1 presento un resumen organizado de tales habilidades.

Aprendizaje	Alfabetismo	Vida
Pensamiento crítico y resolución de problemas	Alfabetismo en información	Flexibilidad
Creatividad	Alfabetismo medial	Iniciativa
Comunicación	Alfabetismo tecnológico	Interacción social
Colaboración		Productividad
		Liderazgo

Tabla 7.1: Lista de habilidades transversales para el siglo XXI, expuestas en forma recurrente por diversas fuentes. Estas 12 habilidades se clasifican en 3 categorías: para el aprendizaje, para el alfabetismo, y para la vida y el ejercicio profesional.

El ámbito del ser se encuentra en estrecha relación con la *educación del carácter* de los individuos. En este se declaran comúnmente tres metas principales, las cuales corresponden al desarrollo de actitudes y valores favorables a: **a)** el aprendizaje continuo durante la vida del individuo, **b)** la creación y el mantenimiento de relaciones sociales saludables para el bien común (de todas las personas de una comunidad y de la sociedad) y **c)** la participación exitosa en la sociedad (Drake y Reid, 2018). A esta lista merece añadirse una cuarta meta como elemento esencial de la educación para el *ser*: **d)** el desarrollo de valores y actitudes para una convivencia saludable y persistente con el mundo natural. La educación del carácter promueve el desarrollo del *ser*, formación que permite al estudiante poseer y ejercer autonomía para razonar, opinar, proponer soluciones y decidir en libertad, pero a la vez integrarse de forma natural, cons-

tructiva y persistente con su entorno social y con su entorno natural (Fig. 7.1).
Estas características son esenciales a una buena educación para la ciudadanía
democrática y la extienden e integran en una educación para la sustentabilidad, para la fundación de una cultura ecológica (Sáiz, 2016). Esta integración,
necesaria en una nueva educación, se ha presentado en un cuerpo teórico del
aprendizaje llamado Educación Sistémica para la Sustentabilidad (*Systemic
Sustainability Education*, en inglés) (Davis et al., 2015).

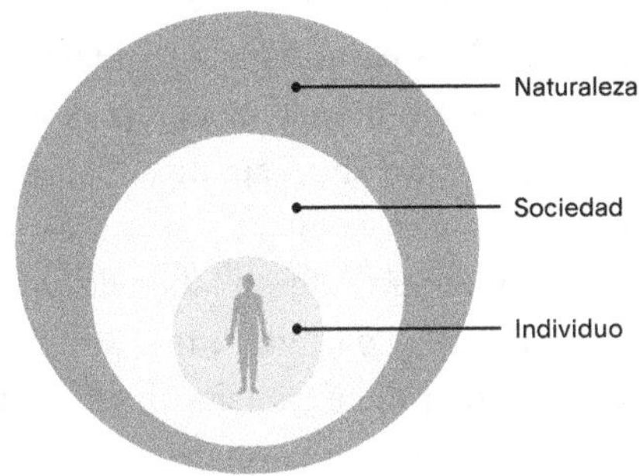

Figura 7.1: El *ser* en la nueva educación.

7.2 El enfoque sistémico en la nueva educación

Hay al menos tres dimensiones en las que el enfoque sistémico aporta a la educación escolar. La primera, en el rediseño de las organizaciones educacionales
como escuelas, colegios, liceos, corporaciones educativas, comunidades educativas, servicios públicos educacionales. El aporte del enfoque sistémico en
esta dimensión consiste básicamente en la descripción y evaluación de cómo
los actores de estas organizaciones se coordinan para generar una estructura funcional al propósito educativo. Cuáles son los actores clave y cuáles son
los vacíos de comunicación entre actores que podrían explicar las brechas de
efectividad en las metas organizacionales planteadas. Finalmente, se pueden
generar escenarios de estructuras organizacionales educativas como diseños
potenciales que cumplan de mejor manera las funciones que se persiguen.

La segunda dimensión en que el enfoque sistémico aporta a la educación
escolar es en el diseño macroscópico del currículo escolar. El currículo define
el conjunto articulado de metas de aprendizaje específicas para cada nivel educativo. Estas metas se expresan en la forma de propósitos formativos, objetivos
de aprendizaje o competencias que deberían lograr los estudiantes, junto a un

conjunto de instrumentos para orientar el quehacer educativo hacia el logro de dichos objetivos por los estudiantes, mediado por la acción de los docentes, las familias y las organizaciones educativas. El enfoque sistémico permite facilitar la selección de esas metas y, particularmente, establecer cómo estas se articulan entre sí conformando una estructura coherente. Una visión global, sistémica del currículum posibilita focalizar y conducir las trayectorias educativas para lograr las metas transversales planteadas en la política pública que actúa como directriz.

Aunque las metas educativas son en general transversales a las disciplinas específicas (e.g. química, física, arte, historia, etc.), es paradójico que nuestros currículos sean casi totalmente fragmentados. Los problemas más relevantes para las comunidades son complejos y requieren de un abordaje interdisciplinario (You, 2017). Sin embargo, en la escuela, los contenidos curriculares se desarrollan en forma parcelada, dejando al estudiante la difícil labor de *integrarlos*, como si esto pudiera hacerse en forma intuitiva o espontánea. Muchas señales del mundo apuntan a que el currículo escolar debe transitar hacia una modalidad parcial o totalmente integrada. En un currículo parcialmente integrado se mantiene la existencia de las asignaturas, en que se estudian las diversas disciplinas de manera independiente, pero se introducen espacios de aprendizaje interdisciplinar que las complementan, generando procesos activos de integración. Un currículo integrado sería uno en el que los aprendizajes se desarrollan en función de la resolución de problemas complejos, donde los estudiantes aprenden mediante la construcción activa y colectiva de soluciones plausibles, utilizando las diferentes disciplinas de modo sinérgico. En este modelo no se mantienen las asignaturas independientes. La aplicación de un enfoque sistémico es altamente funcional al ejercicio del desarrollo, implementación y puesta en práctica de un currículo integrado.

En una tercera dimensión, el enfoque sistémico como estrategia de aprendizaje se constituye en un promotor de un conjunto de *contenidos curriculares*, que establecen qué se debe aprender. Se acepta en la actualidad que el currículo incorpora tres tipos de contenidos: los conceptuales (apuntan al *conocer*), los procedimentales (apuntan al *hacer*) y los actitudinales (apuntan al *ser*). La adquisición y práctica del enfoque sistémico en los espacios de aprendizaje escolar tienen un gran valor como vehículo de desarrollo de los tres tipos de contenidos curriculares. Primero, la utilización de un enfoque sistémico promueve el aprendizaje profundo de contenidos conceptuales complejos en distintos ámbitos disciplinares. Por ejemplo, en las ciencias naturales en el estudio de los sistemas celulares, fisiológicos, organismos, sistemas físicos, ecosistemas, etc.; en las ciencias sociales, al abordar los sistemas sociales y sistemas socioecológicos; en las humanidades, en el trabajo sobre sistemas de conceptos y creencias; en las artes, al considerar las obras como representaciones cuyo mensaje se debe apreciar como una totalidad; en problemas matemáticos, al estudiar sistemas lógicos o de reglas; entre muchos otros casos. Sin embargo, es deseable aprovechar las ventajas del enfoque sistémico sobre todo para abordar metas cognitivas interdisciplinares.

Aparte de la facilitación de aprendizajes conceptuales, el enfoque sistémico promueve eficazmente el desarrollo de aprendizajes procedimentales (habilidades) y actitudinales (valores, disposiciones) relevantes. El *aprendizaje basado en proyectos* (OECD, 2017) constituye un marco adecuado para el logro de estos aprendizajes mediante la aplicacion del enfoque sistémico en el aula.

7.2.1 Aprendizaje basado en proyectos (*ABP*)

El aprendizaje basado en proyectos es un método y una perspectiva de aprendizaje centrado en el actuar de los estudiantes, donde el docente es un facilitador. Los estudiantes se organizan en equipos de trabajo y desarrollan colaborativamente preguntas o problemas sensibles que despiertan su interés bajo la supervisión de los docentes. Los estudiantes identifican los conocimientos que requieren desarrollar para abordar los problemas o preguntas. Luego de decidir qué deben aprender y una vez que logran comprender por qué requieren estos conocimientos en función de un objetivo concreto (resolver un problema o responder una pregunta en un contexto definido), activamente buscan, seleccionan y analizan la información pertinente para el desarrollo de dichos conocimientos. Esto pone en movimiento *habilidades de información y tecnológicas*. Luego, realizan talleres de trabajo en los cuales organizan, comparan y consolidan la información acumulada. Desarrollan así *desde la práctica* un conjunto de habilidades para el logro de sus metas y de acuerdo con sus intereses individuales de perfeccionamiento. Trabajando *en equipo* llegan a sus propuestas finales de solución o respuestas, las cuales *comunican y debaten* frente a un público más amplio que su equipo de trabajo, por ejemplo, los otros estudiantes, los docentes, los padres u otros actores de la comunidad. El *ABP* tiene entre sus propósitos *dar sentido* a los contenidos curriculares, promoviendo en los estudiantes el paso de ser sujetos pasivos a ser *sujetos activos* en su educación, responsables de su propio camino intelectual y personal. El *ABP* promueve el aprendizaje de los estudiantes desde sus propias decisiones y experiencias y, por esencia, se desarrolla bajo un prisma *interdisciplinar*. Su implementación es altamente recomendable, aunque impone desafíos inmportantes (Pasha et al., 2019).

7.2.2 Modelización y análisis de sistemas en *ABP*

La conducción del ABP, particularmente en el contexto de un currículo integrado, encuentra un buen instrumento en el ejercicio de la modelización y análisis de sistemas (Ryan, 2013). En particular, a nivel escolar, la modelización de sistemas mediante digrafos signados presentada en el Capítulo 4 resulta apropiada y asequible, así como las formas más simples de análisis de sistemas, como son el análisis visual y el uso de algunas métricas cuantitativas básicas, presentadas en el Capítulo 5.

La modelización moviliza organizadamente los aprendizajes de contenidos conceptuales en pro del desarrollo de una meta inmediata: desarrollar el modelo visual. Debido a la naturaleza compleja de las problemáticas de la realidad que generalmente motivan los ABP, los conocimientos reunidos para la modelización pertenecen a diversos ámbitos disciplinares. En particular, las problemáticas pertenecientes a la interacción sociedad-naturaleza tienen un fuerte componente STEM[9]: ciencias (naturales y sociales), tecnología, ingeniería, matemática. Sin embargo, en una perspectiva de *diseño* de soluciones integrales con fuertes requerimientos creativos, la aproximación más reciente STEAM[10] (i.e. STEM + arte) es la indicada. Luego, la construcción de un modelo estructural constituye un hito del ABP que revela el logro de un nivel elevado de comprensión acerca del problema de estudio y la generación de un instrumento para su análisis estructural, que facilita la generación de propuestas plausibles como salidas del ABP. En consecuencia, la modelización por un lado organiza la adquisición y uso de conocimientos interdisciplinares y, una vez construido el modelo, genera de modo emergente un nuevo nivel de conocimiento sobre la problemática en estudio.

No obstante, es en el plano de las *habilidades* (Tabla 7.1) donde la modelización y análisis de sistemas, en el marco del ABP, rinde sus mejores frutos educativos. La modelización de sistemas pone en práctica muy activamente la habilidad de *síntesis*, esto es, de poner juntos y de forma articulada los elementos esenciales que componen el problema o fenómeno de interés. Así, a la luz del problema a la mano y los objetivos trazados, la modelización es un acto profundamente *creativo* (ver Capítulo 4). El trabajo que desempeñan los estudiantes al realizar modelización de sistemas es esencialmente *colaborativo*, con espacios para poner en práctica aquellas capacidades para interactuar activa y constructivamente con sus pares: el *pensamiento crítico*, la *resolución de problemas*, la *iniciativa* y el *liderazgo*. El ABP y, en particular, la modelización requieren del

9 Acrónimo inglés para *Science, Technology, Engineering and Mathematics*.

10 Acrónimo inglés para *Science, Technology, Engineering, Art and Mathematics*.

uso de estrategias de manejo de información, a fin de reunir los insumos de conocimiento para la comprensión global de la problemática y la elaboración de un buen modelo estructural de ella. La organización de la información necesita ejecutar tareas con apoyos *tecnológicos*, ejercitando así tales habilidades. Finalmente, el modelo generado por el equipo debe ser sometido a prueba mediante su exposición a la crítica por pares, poniéndose en práctica las habilidades de *comunicación* y de *alfabetismo medial*.

Los propósitos finales del ABP y de la modelización y análisis de sistemas como parte integrante de aquel, están orientados al desarrollo de herramientas intelectuales interdisciplinares, de representación y análisis sistémico y de razonamiento basado en evidencia. Estas herramientas son útiles para un espectro muy amplio de problemáticas y situaciones de la vida personal y profesional, fomentando las habilidades de *flexibilidad* y *adaptabilidad* a cambios en el ambiente social o biofísico y el mantenimiento de la *productividad* en ambientes cambiantes.

Un foco temático recurrente para la conducción del ABP es acerca de la naturaleza de la integración social humana y sus consecuencias para la convivencia de las diversas formas de vida de nuestro planeta: cambio climático, contaminación, conflictos socioambientales, urbanización, explotación de recursos, etc. Abordar estos temas, de naturaleza socioecológica, promueven decididamente la habilidad de *interacción social* y *socio-natural*. El estudiante formado en este ambiente educativo es sometido constantemente a estímulos que lo conducen a desarrollar su autonomía personal y su integración armónica y exitosa con el medio social y el medio natural (Fig. 7.1).

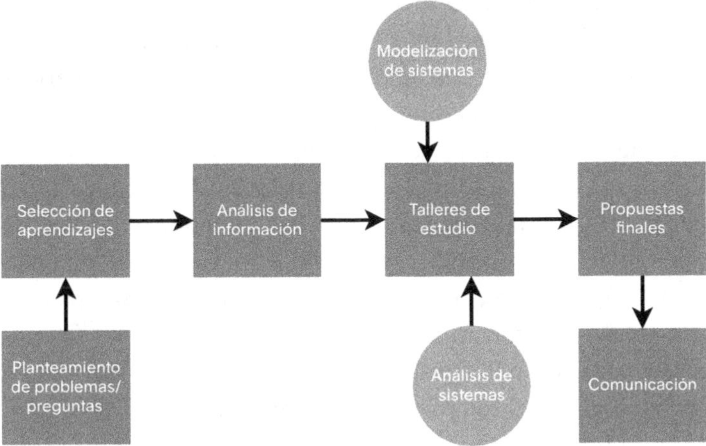

Figura 7.2: Lugar de la modelización y análisis de sistemas dentro del proceso de Aprendizaje Basado en Proyectos (ABP).

7.2.3 Desarrollo del pensamiento sistémico en la nueva educación

El pensamiento sistémico es un modo de observar y comprender cada aspecto de la realidad como un *todo integrado*, cuyas propiedades esenciales no pueden encontrarse en sus partes diseccionadas. Pensar sistémicamente es observar y representar los fenómenos y estructuras de la realidad en términos de conectividad, relaciones, interdependencia y contexto (Capra y Luisi, 2014). Comprender contextualmente los comportamientos de un sistema permite entender y tolerar actos que ocurren en otro tiempo o en otro lugar, aunque no calcen con nuestras propias opciones y valores actuales. Posibilita apreciarnos a nosotros mismos como individuos autónomos, pero interdependientes respecto de otros individuos y, por lo tanto, sensibles al devenir de la sociedad como un todo. El individualismo no es coherente con una visión sistémica del mundo. El pensador sistémico es capaz de encontrar las vías de conexión entre sistemas que a primera vista no se relacionan y que cuesta trabajo dilucidar cómo es que se relacionan. El pensador sistémico identifica y organiza los elementos esenciales que forman parte de un proceso complejo. Así, genera una opinión independiente basada en evidencia y razonamiento. Para la comprensión del todo es preciso comunicarse y entender las diferentes perspectivas que lo explican. Quien razona sistémicamente tiene una genuina vocación interdisciplinaria y una inclinación natural al trabajo en equipo. Valora la diversidad de miradas y opiniones, y sabe reconocer la importancia de las opiniones de otros. Sus capacidades le permiten aportar a la solución de problemáticas complejas con una visión integrativa, racional, constructiva, crítica y creativa. En la nueva educación, el desarrollo del pensamiento sistémico es un eficaz vehículo para la alfabetización científica y ambiental, incubando las capacidades requeridas para construir opinión informada frente a los grandes temas que enfrenta y enfrentará la humanidad y que comprometen al planeta entero.

¿Cómo avanzar hacia la incorporación del pensamiento sistémico en la educación escolar en los países iberoamericanos? Básicamente, a través de la conducción de tres etapas: preparación, preimplementación e implementación. Como marco de aprendizaje, se sugiere como meta la implementación de un currículo integrado y la utilización de ABP, al menos durante los últimos años del aprendizaje escolar. En la etapa preparatoria, se requiere informar y capacitar a: **a)** tomadores de decisión y técnicos involucrados en el diseño e implementación de las políticas públicas educativas de los respectivos estados y **b)** académicos y directivos de los centros de formación de docentes. Los primeros, a fin de habilitarlos para implementar reformas al currículo o para la construcción de uno nuevo, junto a sus instrumentos de apoyo. Los segundos, para orientar la formación sostenida de las nuevas generaciones de educadores con las motivaciones y capacidades técnicas para el desempeño en el aula. La segunda etapa, de preimplementación, consistirá en la capacitación de **c)** directivos de organizaciones y establecimientos educativos y **d)** una primera cohorte de profesores que conducirán la puesta en marcha del proceso en el aula. En la tercera etapa de implementación, se informa y motiva a los participantes de la red de apoyo familiar de los estudiantes y se ejecuta el nuevo currículo en aquellos establecimientos que adscriben a la reforma planteada. Respecto a la capacitación y formación sostenida de docentes como facilitadores de la nueva educación, esta debe incluir los siguientes elementos centrales (en paréntesis los capítulos de este libro que pueden servir para guiar el proceso):

- Resolución de problemas y toma de decisión (Cap. 6)

- Aprendizaje basado en proyectos y trabajo en equipos (Cap. 7)

- Sistemas socioecológicos y sustentabilidad (Cap. 2)

- Principios de teoría de sistemas (Cap. 2)

- Modelos científicos (Cap. 3)

- Elementos de teoría de grafos y redes (Cap. 3)

- Modelización de sistemas (Cap. 4)

- Análisis estructural de modelos de sistemas (Cap. 5).

La superación de las brechas sociales presentes entre personas en los países iberoamericanos, como también de las brechas de desarrollo entre naciones y lograr el urgente cambio de visión y acción requerido sobre nuestra relación como especie con los ecosistemas de los cuales dependemos, requiere como tarea más fundamental la implementación de una nueva educación. Sin ella, cualquier esfuerzo técnico o político por superar las desigualdades, promover una buena convivencia entre las personas y desarrollar mejoras en la salud de los ecosistemas resultará infértil.

Bibliografía

Barabási, A.-L., (2016). *Network Science.* Cambridge University Press.

Berryman, A. A. y Kindlmann, P. (2008). *Population systems: A general introduction.* Springer Science & Business Media.

Bialik, M. y Fadel, C. (2015). *Skills for the 21st century: What should students learn?* Boston, MA: Centre for Curriculum Redesign.

Biggs, R., Carpenter S. R. y Brock W. A. (2009). Turning back from the brink: Detecting an impending regime shift in time to avert it. *Proceedings of The National Academy of Sciences*, 106(3):826-831.

Bonacich, P. (1987). Power and centrality: A family of measures. *American Journal of Sociology*, 92(5):1170-1182.

Borgatti, S. P. y Everett, M. G. (2006). A graph-theoretic perspective on centrality. *Social Networks*, 28(4):466-484.

Borgatti, S. P., Everett, M. G. y Johnson, J. C. (2018). *Analyzing Social Networks.* London: Sage.

Cancino, C., Cabezas, V., Ruz, L., Dyer, B., Vial, J., Valderrama, D., Farías, K., Flores F., Ramos-Jiliberto, R. y González, C. (1999). Dr. Eduardo de la Hoz Urrejola (1941-1997): obituario. *Revista de Biología Marina y Oceanografía*: Valparaíso, Chile, 34(2):19-121.

Capra, F. y Luisi, P. L. (2014). *The systems view of life: A unifying vision.* Cambridge University Press.

Dambacher, J. M., Li, H. W. y Rossignol, P. A. (2003). Qualitative Predictions in Model Ecosystems. *Ecological Modelling.* 161(12): 79-93.

Dambacher, J. M. y Ramos-Jiliberto, R. (2007). Understanding and predicting effects of modified interactions through a qualitative analysis of community structure. *The Quarterly Review of Biology*, 82(3):227-250.

Davis, B., Sumara, D., y Luce-Kapler, R. (2015). *Engaging minds: Cultures of education and practices of teaching.* New York: Routledge.

Donohue, I., Hillebrand, H., Montoya, J. M., Petchey, O. L., Pimm, S. L., Fowler, M. S., Healy, K., Jackson, A. L., Lurgi, M., McClean, D., et al. (2016). Navigating the complexity of ecological stability. *Ecology Letters*, 19(9):1172-1185.

Drake, S. M. y Reid, J. L. (2018). Integrated curriculum as an effective way to teach 21st century capabilities. *Asia Pacific Journal of Educational Research*, 1(1):31-50.

Evans, M. R., Grimm, V., Johst, K., Knuuttila, T., De Langhe, R., Lessells, C. M., Merz, M., O'Malley, M. A., Orzack, S. H., Weisberg, M., et al. (2013). Do simple models lead to generality in ecology? *Trends in Ecology & Evolution*, 28(10):578-583.

Fadel, C., Bialik, M. y Trilling, B. (2015). *Four-dimensional education: The competencies learners need to succeed.* Boston, MA: Center for Curriculum Redesign.

Frigg, R. y Hartmann, S. (2018). Models in Science. En Zalta, E. N. (ed.), *The Stanford Encyclopedia of Philosophy*, Metaphysics Research Lab, Stanford University.

Getz, W. M. (1998). An introspection on the art of modeling in population ecology. *BioScience*, 48(7):540-552.

Grimm, V. y Wissel, C. (1997). Babel, or the ecological stability discussions: An inventory and analysis of terminology and a guide for avoiding confusion. *Oecologia*, 109(3): 323-334.

Gut, D. M. (2011). Integrating 21st century skills into the curriculum. In *Bringing schools into the 21st century*, pp. 137-157. Springer.

Hage, P. y Harary, F. (1983). *Structural models in anthropology. Cambridge studies in social anthropology*. Cambridge University Press.

Harary, F., Norman, R. Z. y Cartwright, D. (1965). *Structural models: An introduction to the theory of directed graphs*. New York: Wiley.

Holling, C. S. (1966). The strategy of building models of complex ecological systems. *Systems Analysis in Ecology*, pp. 195-214.

Ives, A. R. y Carpenter, S. R. (2007). Stability and diversity of ecosystems. *Science*, 317(5834):58-62.

Katz, L. (1953). A new status index derived from sociometric analysis. *Psychometrika*, 18(1):39-43.

Kéfi, S., Domínguez-García, V., Donohue, I., Fontaine, C., Thébault, E., y Dakos V. (2019). Advancing our understanding of ecological stability. *Ecology letters*, 22(9):1349-1356.

Latora, V., Nicosia, V. y Russo, G. (2017). *Complex networks: principles, methods and applications*. Cambridge University Press.

Leistritz, L., Weiss, T., Bär, K. J., De VicoFallani F., Babiloni, F., Witte, H. y Lehmann, T. (2013). Network redundancy analysis of effective brain networks: A comparison of healthy controls and patients with major depression. *PloS one*, 8(4):e60956.

Levins, R. (1966). The strategy of model building in population biology. *American Scientist*, 54(4):421-431.

Levins, R. (1998). Qualitative mathematics for understanding, prediction, and intervention in complex ecosystems. *Ecosystem Health*, pp. 178-204.

Maturana, H. y Mpodozis, J. (1992). Origen de las especies por medio de la deriva natural. Museo Natural de Historia Natural. Publicación ocasional No. 46/1992. Dirección de Bibliotecas, Archivos y Museos, Santiago, Chile.

Maturana, H. y Pörksen, B. (2004). *Del ser al hacer. Los orígenes de la biología del conocer*. Santiago: JC Sáez Editor.

Maturana, H., Varela, F. J. y Behncke R. (2006). *El árbol del conocimiento: las bases biológicas del entendimiento humano*. Santiago: Editorial Universitaria.

Maturana, H. R. y Varela, F. J. (1973). *De máquinas y seres vivos: Una teoría sobre la organización biológica*. Santiago: Editorial Universitaria.

May, R. M. (1973). *Stability and complexity in model ecosystems*. Vol. 6. Princeton University Press.

Maynard-Smith, J. (1974). *Models in ecology*. Cambridge University Press.

McCann, K. S. (2000). The diversity-stability debate. *Nature*, 405(6783):228.

Meadows, D. H. (2008). *Thinking in systems: A primer*. London: Chelsea Green Publishing.

Nakajima, H. (1992). Sensitivity and stability of flow networks. *Ecological Modelling*, 62(1-3):123-133.

Newman, M. (2018). *Networks*. Oxford University Press.

OECD (2017). Pisa 2015 collaborative problem solving framework.

Palma, A., González-Barrientos, J., Reyes, C. A. y Ramos-Jiliberto R. (2013). Biodiversidad y estructura comunitaria de ríos en las zonas árida, semiárida y mediterránea-norte de Chile. *Revista Chilena de Historia Natural*, 86(1):1-14.

Pasha, A., Pinjani, A., Bijani, A. y Yousuf, N. (2019). Challenges of developing competencies in students in developing contexts. *Literacy Information and Computer Education Journal*, 10(4):3293-3298.

Pimm, S. L. (1984). The complexity and stability of ecosystems. *Nature*, 307(5949):321.

Puccia, C. J. y Levins R. (1985). *Qualitative Modeling of Complex Systems. An Introduction to Loop Analysis and Time Averaging*. Harvard University Press.

Puche, E., Rojo, C., Ramos-Jiliberto, R. y Rodrigo, M. (2019). Structure and vulnerability of the multi-interaction network in macrophyte-dominated lakes. *Oikos* 129(1):35-48.

Ramos-Jiliberto, R., Albornoz, A. A., Valdovinos, F. S., Smith-Ramírez, C., Arim, M., Armesto, J. J. y Marquet, P. A. (2009). A network analysis of plant-pollinator interactions in temperate rain forests of Chilóe island, Chile. *Oecologia*, 160(4):697.

Ramos-Jiliberto, R., de Espanés, P. M., Franco-Cisterna, M., Petanidou, T. y Vázquez, D. P. (2018). Phenology determines the robustness of plant-pollinator networks. *Scientific reports*, 8(1):14873.

Refsgaard, J. C. y Henriksen, H. J. (2004). Modelling guidelines, terminology and guiding principles. *Advances in Water Resources*, 27(1):71-82.

Ryan, D. W. (2013). Combining systems thinking, model-based reasoning, and project-based learning to advance student agency, increase student engagement and understanding, and provide an authentic and accurate method of assessing student competencies in a high school aquatic science course. Master's thesis, Faculty of the Graduate School of The University of Texas at Austin.

Rykiel Jr., E. J. (1996). Testing ecological models: the meaning of validation. *Ecological modelling*, 90(3):229-244.

Sáiz, F. (2016). *Ecología, humanidad y más. Esquema vital básico*. Santiago: Ediciones Copygraph.

Schlesinger, S. (1979). Terminology for model credibility. *Simulation*, 32(3):103-104.

Tapella, E. (2007). El mapeo de actores claves. Documento de trabajo del proyecto "Efectos de la biodiversidad funcional sobre procesos ecosistémicos, servicios ecosistémicos y sustentabilidad en las Américas: un abordaje interdisciplinario". Universidad Nacional de Córdoba, Inter-American Institute for Global Change Research (IAI).

Tufte, E. R. (1997). *Visual explanations*. Cheshire, CT: Graphics Cheshire.

Valdovinos, F. S., Moisset de Espanés, P., Flores, J. D. y Ramos-Jiliberto, R. (2013). Adaptive foraging allows the maintenance of biodiversity of pollination networks. *Oikos*, 122(6):907-917.

Van der Hoorn, P. y Litvak, N. (2013). Degree-degree correlations in directed networks with heavy-tailed degrees. arXiv preprint arXiv:1310.6528.

Vandermeer, J. H. y Boucher, D. H. (1978). Varieties of mutualistic interaction in population models. *Journal of Theoretical Biology*, 74(4):549-558.

Vasari, G. (1550). *Le vite de'più eccellenti pittori, scultori, e architettori*. Lorenzo Torrentino.

Von Bertalanffy, L. (1968). *General system theory: Foundations, development, applications*. George Braziller, New York.

Wasserman, S., Faust, K., et al. (1994). *Social network analysis: Methods and applications*. Vol. 8. Cambridge University Press.

Watt, K. E. (1966). The nature of systems analysis. En *Systems analysis in ecology*. pp. 1-14. Academic Press New York.

White, D. R. y Borgatti, S. P. (1994). Betweenness centrality measures for directed graphs. *Social Networks*, 16(4):335-346.

Yodzis, P. (1989). *Introduction to theoretical ecology*. HarperCollins College Division.

You, H. S. (2017). Why teach science with an interdisciplinary approach: History, trends, and conceptual frameworks. *Journal of Education and Learning*, 6(4):66-77.

Potencias de matrices: aplicación al análisis de sistemas

La potencia $\mathbf{M}^L$ de una matriz $\mathbf{M}$, con L siendo números enteros no-negativos, se define como el producto de n copias de $\mathbf{M}$.

$$\mathbf{M}^L = \mathbf{M} \times \mathbf{M} \cdots \mathbf{M}$$

Por definición, $\mathbf{M}^0$ es igual a la matriz de identidad con las mismas dimensiones (i.e. número de filas y columnas) que $\mathbf{M}$. Tomemos como ejemplo la siguiente matriz de 2×2 (filas × columnas):

$$\mathbf{M} = \begin{bmatrix} a & b \\ c & d \end{bmatrix} \tag{A.1}$$

$$\mathbf{M}^2 = \mathbf{M} \times \mathbf{M} = \begin{bmatrix} a & b \\ c & d \end{bmatrix} \times \begin{bmatrix} a & b \\ c & d \end{bmatrix} = \begin{bmatrix} (a^2 + bc) & (ab + bd) \\ (ca) + (dc) & (cb + d^2) \end{bmatrix} \tag{A.2}$$

$$\mathbf{M}^3 = \mathbf{M}^2 \times \mathbf{M} = \begin{bmatrix} (a^2 + bc) & (ab + bd) \\ (ca + dc) & (cb + d^2) \end{bmatrix} \times \begin{bmatrix} a & b \\ c & d \end{bmatrix} \tag{A.3}$$

$$= \begin{bmatrix} a(a^2 + bc) + c(ab + bd) & b(a^2 + bc) + d(ab + bd) \\ a(ca + dc) + c(cb + d^2) & b(ca + dc) + d(cb + d^2) \end{bmatrix} \tag{A.4}$$

Para una matriz de adyacencia binaria, cuyas celdas solo exhiben ceros y unos, la potencia $\mathbf{A}^L$ devuelve el número de recorridos del longitud L desde el elemento j hasta el elemento i.

Supongamos nuestro sistema de interés tal como es representado por el grafo de la Fig. A.3.

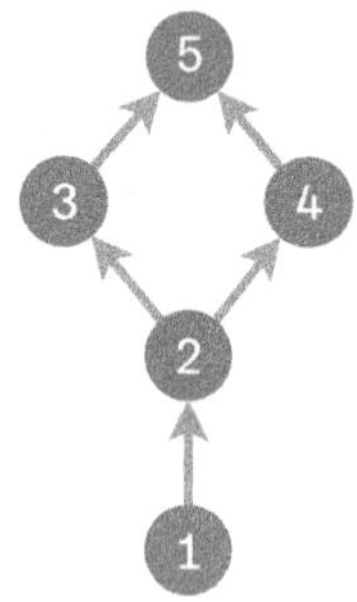

Figura A1: Digrafo que representa un sistema de ejemplo, en que sus arcos no se distinguen por signos.

La matriz de adyacencia correspondiente el grafo de la Fig. A.1 es:

$$\mathbf{A} = \begin{bmatrix} 0 & 0 & 0 & 0 & 0 \\ 1 & 0 & 0 & 0 & 0 \\ 0 & 1 & 0 & 0 & 0 \\ 0 & 1 & 0 & 0 & 0 \\ 0 & 0 & 1 & 1 & 0 \end{bmatrix} \tag{A.5}$$

Al elevar $\mathbf{A}$ al cuadrado, se obtienen los recorridos de longitud 2:

$$\mathbf{A}^2 = \begin{bmatrix} 0 & 0 & 0 & 0 & 0 \\ 0 & 0 & 0 & 0 & 0 \\ 1 & 0 & 0 & 0 & 0 \\ 1 & 0 & 0 & 0 & 0 \\ 0 & 2 & 0 & 0 & 0 \end{bmatrix} \tag{A.6}$$

Como puede comprobarse visualmente en la Fig. A1, existe un recorrido de longitud 2 desde el vértice 1 al vértice 3, otro desde el vértice 1 al vértice 4 y dos recorridos de longitud 2 desde el vértice 2 al vértice 5, uno de los cuales pasa por el vértice 3 y el otro por el vértice 4. El cálculo de $\mathbf{A}^3$ muestra los recorridos de longitud 3:

$$\mathbf{A}^3 = \begin{bmatrix} 0 & 0 & 0 & 0 & 0 \\ 0 & 0 & 0 & 0 & 0 \\ 0 & 0 & 0 & 0 & 0 \\ 0 & 0 & 0 & 0 & 0 \\ 2 & 0 & 0 & 0 & 0 \end{bmatrix} \tag{A.7}$$

que en este ejemplo son dos, ambos desde el vértice 1 al vértice 5. Uno de ellos que pasa por el vértice 3 y el otro por el vértice 4 (ver Fig. A1).

Pasemos ahora al caso de sistemas representados por digrafos signados, donde las influencias (arcos) entre variables (vértices) no solo tienen dirección sino también signo (Fig. A2). Este sistema ejemplo es similar al de la Fig. A1, pero en este las influencias directas entre las variables son positivas, con excepción de la influencia de la variable 1 a la 2 y la influencia de la variable 2 a la 4, que son negativas.

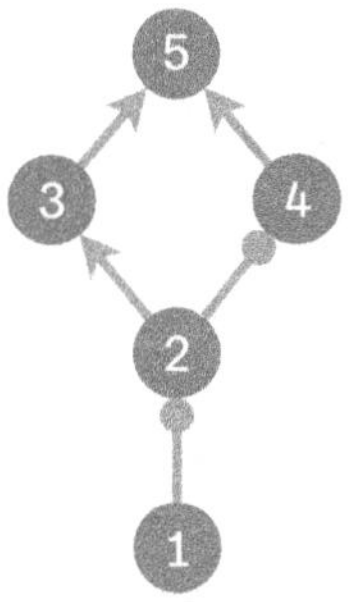

Figura A2: Digrafo signado que representa una modificación del sistema de la Fig. A1, pero donde los arcos tienen signo positivo (→) o negativo (⇀).

La matriz de adyacencia **B** de este sistema es:

$$\mathbf{B} = \begin{bmatrix} 0 & 0 & 0 & 0 & 0 \\ -1 & 0 & 0 & 0 & 0 \\ 0 & 1 & 0 & 0 & 0 \\ 0 & -1 & 0 & 0 & 0 \\ 0 & 0 & 1 & 1 & 0 \end{bmatrix} \qquad (A.8)$$

Definamos $|\mathbf{B}|$ como una matriz cuyos elementos $|b|_{ij}$ tienen el valor absoluto de los elementos correspondientes de **B**, b_{ij}. Por lo tanto, $|\mathbf{B}|$ contiene los mismos arcos que **B** pero sin sus signos, lo que equivale al sistema **A** (Ec. A.5).

$$|\mathbf{B}| = \mathbf{A}$$

De aquí sigue que $|\mathbf{B}|^2 = \mathbf{A}^2$, $|\mathbf{B}|^3 = \mathbf{A}^3$ y en general $|\mathbf{B}|^L = \mathbf{A}^L$ revelan los recorridos, sin considerar su signo, de longitud 2, 3, ... ,L.

Por lo tanto, para un digrafo signado definido por su matriz de adyacencia **B**, la matriz $|\mathbf{B}|^L$ es útil pues indica el número de recorridos (sin importar signos) de longitud L.

Examinemos ahora qué información brinda $\mathbf{B}^L$. El cuadrado de **B** es:

$$\mathbf{B}^2 = \begin{bmatrix} 0 & 0 & 0 & 0 & 0 \\ 0 & 0 & 0 & 0 & 0 \\ -1 & 0 & 0 & 0 & 0 \\ 1 & 0 & 0 & 0 & 0 \\ 0 & 0 & 0 & 0 & 0 \end{bmatrix} \qquad (A.9)$$

y nos indica la suma (considerando los signos) de los recorridos de longitud 2 en el sistema. En este ejemplo, desde $|\mathbf{B}|^2 = \mathbf{A}^2$ (Ec. (A.6)) sabemos que existe un único recorrido desde el vértice 1 al 3. Desde Ec. A.9 vemos que la suma de todos los recorridos desde el vértice 1 al 3 es negativa. Entonces, el único recorrido desde el vértice 1 al 3 es negativo, como puede notarse en la Fig. A.4. Con el argumento equivalente, sabremos que el único recorrido desde el vértice 1 al 4 es positivo. Ahora examinemos la potencia 3 de **B**;

$$\mathbf{B}^3 = \begin{bmatrix} 0 & 0 & 0 & 0 & 0 \\ 0 & 0 & 0 & 0 & 0 \\ 0 & 0 & 0 & 0 & 0 \\ 0 & 0 & 0 & 0 & 0 \\ 0 & 0 & 0 & 0 & 0 \end{bmatrix} \tag{A.10}$$

Desde Ec. A.7 sabemos que existen 2 recorridos de longitud 3 desde el vértice 1 al 5. Como el elemento (1,5) de la matriz $\mathbf{B}^3$ es cero, se deduce que los dos caminos mencionados tienen signos opuestos.

Cálculo de autovalores para un sistema dinámico

Para ilustrar los pasos en el cálculo de los autovalores, utilizaremos un ejemplo de un sistema pequeño de dos variables, x_1 y x_2, en el que x_1 influye positivamente a x_2 y x_2 influye negativamente a x_1 (Fig. B1).

Figura B1: Digrafo de un sistema de ejemplo para el cálculo de su estabilidad local.

El digrafo de la Fig. B1 puede representarse como matriz de adyacencia $\mathbf{A}$, en la que agregamos el supuesto de autorregulación en x_1:

$$\mathbf{A} = \begin{bmatrix} -1 & -1 \\ 1 & 0 \end{bmatrix} \tag{B.11}$$

La estabilidad local del sistema, definida como su capacidad de retornar a su estado de equilibrio tras una pequeña perturbación externa, se estima mediante los *autovalores* (también llamados *valores propios*) de $\mathbf{A}$. Los autovalores corresponden a las raíces de la denominada *ecuación característica* en la variable λ:

$$det\,(\mathbf{A} - \lambda\mathbf{I}) = 0 \tag{B.12}$$

donde *det* designa el determinante de una matriz, el cual es un número único asociado a una matriz cuadrada. Una matriz cuadrada es aquella que posee igual número de filas que de columnas. Una matriz de adyacencia es una matriz cuadrada. $\mathbf{I}$ es la matriz de identidad. Esta es una matriz cuadrada que cumple la función de elemento neutro del producto de matrices, es decir:

$$\mathbf{M} \times \mathbf{I} = \mathbf{M}$$

donde $\mathbf{M}$ e $\mathbf{I}$ son matrices cuadradas con n número de filas y n número de columnas. Para cumplir esta función, la matriz de identidad posee unos en las celdas de su diagonal y ceros en todas las otras celdas. Así, en nuestro ejemplo:

$$\mathbf{I} = \begin{bmatrix} 1 & 0 \\ 0 & 1 \end{bmatrix} \tag{B.13}$$

El producto del escalar λ y la matriz $\mathbf{I}$ se realiza multiplicando el escalar por cada elemento de la matriz y rinde:

$$\lambda\mathbf{I} = \begin{bmatrix} \lambda & 0 \\ 0 & \lambda \end{bmatrix} \tag{B.14}$$

Luego, la sustracción $\mathbf{A} - \lambda\mathbf{I}$ se realiza también elemento-a-elemento,

$$\begin{bmatrix} a & b \\ c & d \end{bmatrix} - \begin{bmatrix} e & f \\ g & h \end{bmatrix} = \begin{bmatrix} (a-e) & (b-f) \\ (c-g) & (d-h) \end{bmatrix} \tag{B.15}$$

por lo que resulta

$$\mathbf{A} - \lambda\mathbf{I} = \begin{bmatrix} -(1+\lambda) & -1 \\ 1 & -\lambda \end{bmatrix} \tag{B.16}$$

Ahora, para una matriz de 2 filas y 2 columnas, el cálculo de su determinante se realiza:

$$det\begin{bmatrix} a & b \\ c & d \end{bmatrix} = ad - bc$$

por lo que

$$det\begin{bmatrix} -(1+\lambda) & -1 \\ 1 & -\lambda \end{bmatrix} = \lambda^2 + \lambda + 1 \tag{B.17}$$

y la ecuación característica (Ec. (7.12)) expandida es

$$det \begin{bmatrix} -(1+\lambda) & -1 \\ 1 & -\lambda \end{bmatrix} = 0 \qquad (B.18)$$

y aplicando la igualdad (7.17) se obtiene el denominado *polinomio característico*:

$$\lambda^2 + \lambda + 1 = 0 \qquad (B.19)$$

Para calcular las raíces, escribamos el polinomio característico en forma general:

$$a\lambda^2 + b\lambda + c = 0 \qquad (B.20)$$

aplicando la conocida ecuación :

$$\lambda_{1,2} = \frac{-b \pm \sqrt{b^2 - 4ac}}{2a} \qquad (B.21)$$

con $a = b = c = 1$ (Ec. (7.19)), obtenemos ambas raíces de la ecuación característica, que corresponden a los autovalores del sistema:

$$\lambda_1 = -\frac{1}{2} - \frac{1}{2}i\sqrt{3} \qquad (B.22)$$

$$\lambda_2 = -\frac{1}{2} + \frac{1}{2}i\sqrt{3} \qquad (B.23)$$

En este caso, los autovalores del sistema son números complejos, donde la parte real de ambos es igual a -1/2 y la parte imaginaria es $-i\sqrt{3}/2$ y $i\sqrt{3}/2$, respectivamente.

El criterio de estabilidad local es: un sistema exhibe estabilidad local si todos sus autovalores son números reales negativos o bien números complejos con parte real negativa. Esto es equivalente a que el autovalor principal (aquel que posee mayor valor si es real o que posee la mayor parte real si es complejo) sea estrictamente negativo. Para el ejemplo que hemos trabajado, se cumple el criterio (ambas raíces son complejas con parte real negativa), por lo que el sistema es localmente estable.

La matriz de sensibilidad: derivación de efectos netos en un sistema dinámico

Considérese un sistema compuesto por un conjunto de elementos x_i que establecen entre sí influencias mutuas. La variación en el tiempo de cada elemento x_i es modelizada por una dinámica del tipo Lotka-Volterra:

$$\frac{dx_i}{dt} = x_i \left(r_i + \sum_{j=1}^{n} \alpha_{ij} x_j \right)$$
(C.24)

Tomemos como ejemplo un conjunto de cuatro elementos $x_1, ..., x_4$ que siguen la dinámica expuesta en Ec. (7.24). Las influencias de cada elemento x_j sobre el elemento x_i no están especificadas, pero cualquier conjunto es posible. En este ejemplo, supongamos que el elemento x_2 se somete a una presión externa sostenida p_2:

$$\frac{dx_1}{dt} = x_1 \left(r_1 + \sum_{j=1}^{n} \alpha_{1j} x_j \right)$$
(C.25)

$$\frac{dx_2}{dt} = x_2 \left(r_2 + \sum_{j=1}^{n} \alpha_{2j} x_j + p_2 \right)$$
(C.26)

$$\frac{dx_3}{dt} = x_3 \left(r_3 + \sum_{j=1}^{n} \alpha_{3j} x_j \right)$$
(C.27)

$$\frac{dx_4}{dt} = x_4 \left(r_4 + \sum_{j=1}^{n} \alpha_{4j} x_j \right)$$
(C.28)

En el largo plazo, el sistema adopta un estado de equilibrio que es función de la perturbación p_2. En un estado de equilibrio, las variaciones en el nivel de cada variable x_i se anulan y el valor de cada variable se designa x_i^*:

$$0 = r_1 + \sum_{j=1}^{n} \alpha_{1j} x_j^*(p_2) \tag{C.29}$$

$$0 = r_2 + \sum_{j=1}^{n} \alpha_{2j} x_j^*(p_2) + p_2 \tag{C.30}$$

$$0 = r_3 + \sum_{j=1}^{n} \alpha_{3j} x_j^*(p_2) \tag{C.31}$$

$$0 = r_4 + \sum_{j=1}^{n} \alpha_{4j} x_j^*(p_2) \tag{C.32}$$

lo que puede escribirse:

$$0 = r_1 + \sum_{j=1}^{n} \alpha_{1j} x_j^*(p_2) \tag{C.33}$$

$$-p_2 = r_2 + \sum_{j=1}^{n} \alpha_{2j} x_j^*(p_2) \tag{C.34}$$

$$0 = r_3 + \sum_{j=1}^{n} \alpha_{3j} x_j^*(p_2) \tag{C.35}$$

$$0 = r_4 + \sum_{j=1}^{n} \alpha_{4j} x_j^*(p_2) \tag{C.36}$$

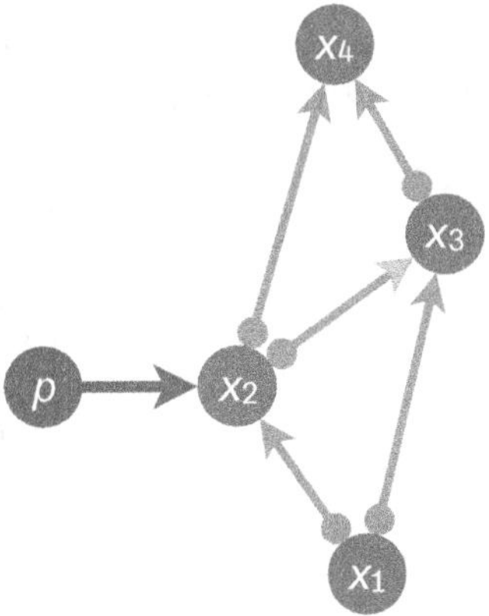

Figura C1: Sistema de ejemplo representado como dígrafo signado, donde el elemento x_2 está sometido a una presión sostenida desde el entorno.

Derivando ambos lados del sistema de ecuaciones respecto de p_2 y asumiendo la estructura de sistema de la Fig. C1, obtenemos la ecuación siguiente, que escrita en forma matricial queda:

$$
-\begin{bmatrix} 0 \\ 1 \\ 0 \\ 0 \end{bmatrix} = \begin{bmatrix} -1 & -1 & -1 & 0 \\ 1 & -1 & -1 & -1 \\ 1 & 1 & -1 & -1 \\ 0 & 1 & 1 & -1 \end{bmatrix} \begin{bmatrix} \dfrac{\partial x_1^*(p_2)}{\partial p_2} \\[2mm] \dfrac{\partial x_2^*(p_2)}{\partial p_2} \\[2mm] \dfrac{\partial x_3^*(p_2)}{\partial p_2} \\[2mm] \dfrac{\partial x_4^*(p_2)}{\partial p_2} \end{bmatrix}
\tag{C.37}
$$

que en forma compacta y eliminando los argumentos de x_i^* puede expresarse como:

$$
-\begin{bmatrix} 0 \\ 1 \\ 0 \\ 0 \end{bmatrix} = \mathbf{A} \begin{bmatrix} \dfrac{\partial x_1^*}{\partial p_2} \\[2mm] \dfrac{\partial x_2^*}{\partial p_2} \\[2mm] \dfrac{\partial x_3^*}{\partial p_2} \\[2mm] \dfrac{\partial x_4^*}{\partial p_2} \end{bmatrix}
\tag{C.38}
$$

en que $\mathbf{A}$ representa la matriz de adyacencia del sistema (digrafo) de Fig. C1. Despejando el vector de derivadas, obtenemos

$$\begin{bmatrix} \dfrac{\partial x_1^*}{\partial p_2} \\[1.5ex] \dfrac{\partial x_2^*}{\partial p_2} \\[1.5ex] \dfrac{\partial x_3^*}{\partial p_2} \\[1.5ex] \dfrac{\partial x_4^*}{\partial p_2} \end{bmatrix} = -\mathbf{A}^{-1} \begin{bmatrix} 0 \\[1ex] 1 \\[1ex] 0 \\[1ex] 0 \end{bmatrix} \tag{7.39}$$

Desde la ecuación (C16) puede obtenerse ahora el efecto neto (sensibilidad) que ejerce una perturbación sostenida positiva sobre x_2, sobre el nivel de equilibrio de cualquier variable x_i del sistema:

$$s_{i2} = \frac{\partial x_i^*}{\partial p_2} = (-\mathbf{A}^{-1})_{i2} \tag{7.40}$$

Podemos generalizar la anterior expresión y su derivación, para designar el efecto neto de una presión sobre cualquier variable x_j sobre el nivel de equilibrio de cualquier variable x_i:

$$s_{ij} = \frac{\partial x_i^*}{\partial p_j} = (-\mathbf{A}^{-1})_{ij} \tag{7.41}$$

Métricas propuestas para el análisis de sistemas basadas en la matriz de sensibilidad

Las métricas que se presentan en este Apéndice[11] permiten evaluar la importancia de los elementos de un sistema sobre la base de las influencias *netas* entre todos los elementos. En las fórmulas que siguen, s_{ij} es el elemento i, j de la matriz de sensibilidad, definida en (6.1). Además, v_i corresponde a la valoración que el observador otorga a cada elemento del sistema, en el marco del problema u objetivos planteados. Un elemento etiquetado como positivo ($v_i = 1$) es aquel cuyo nivel es deseable que aumente. Un elemento etiquetado negativo ($v_i = -1$) es aquel cuyo nivel es deseable que disminuya. Un elemento neutral ($v_i = 0$) es aquel cuyo nivel es irrelevante para el observador en el marco del problema u objetivos planteados. Finalmente, n es el número de elementos en el sistema.

Sensibilidad neta: $Z_i \in [0, 1]$ indica la propensión de la variable x_i a ser afectada directa o indirectamente por las otras variables del sistema (Puche et al., 2019).

$$Z_i = \frac{\sum_{j \neq i} |s_{ij}|}{2(n-1)}$$

Efectividad: $K_j \in [0, 1]$ indica la capacidad de la variable x_j para ejercer cambios, por vías directas o indirectas, en las otras variables del sistema (Puche et al., 2019).

$$K_j = \frac{\sum_{i \neq j} |s_{ij}|}{2(n-1)}$$

11 Ramos-Jiliberto, R. y Jiliberto Herrera, R. (2020) Modelización y análisis de escenarios de intervención en sistemas socio-naturales: el caso del sistema de sustentabilidad energía-territorio de la Región de Coquimbo, Chile. *Revista de Ciencias Ambientales* (Costa Rica), aceptado.

Virtuosismo: $U_j \in [-1, 1]$ indica la capacidad de la variable x_j de transmitir cambios *valorados positivamente* en las otras variables del sistema. Es decir, es la capacidad de la variable x_j de, dado un aumento en ella, aumentar el valor de las variables valoradas positivas y disminuir el valor de las variables valoradas negativas.

$$U_j = \frac{\sum_{i \neq j} v_i s_{ij}}{\sum_{i \neq j} |s_{ij}|}$$

Reactividad positiva $R_i \in [-1, 1]$ indica la propensión de la variable x_i a ser incrementada por cambios *valorados positivamente* en otras variables del sistema o reducida por cambios valorados negativamente.

$$R_i = \frac{\sum_{j \neq i} v_j s_{ij}}{\sum_{j \neq i} |s_{ij}|}$$

www.ingramcontent.com/pod-product-compliance
Lightning Source LLC
Chambersburg PA
CBHW081252130726
47998CB00010B/2766